中国青少年游泳训练教学大纲 教法指导书

国家体育总局青少年体育司
国家体育总局游泳运动管理中心 编

人民体育出版社

图书在版编目（CIP）数据

中国青少年游泳训练教学大纲教法指导书 / 国家体育总局青少年体育司，国家体育总局游泳运动管理中心编. -- 北京：人民体育出版社，2018（2024.4重印）
ISBN 978-7-5009-5430-9

Ⅰ.①中… Ⅱ.①国… ②国… Ⅲ.①青少年—游泳—运动训练—教学研究 Ⅳ.①G861.102

中国版本图书馆CIP数据核字(2018)第192991号

＊

人民体育出版社出版发行
北京盛通印刷股份有限公司印刷
新 华 书 店 经 销

＊

710×1000　16开本　13.25印张　221千字
2018年12月第1版　2024年4月第7次印刷
印数：12,501—14,500册

＊

ISBN 978-7-5009-5430-9
定价：55.00元

社址：北京市东城区体育馆路8号（天坛公园东门）
电话：67151482（发行部）　　邮编：100061
传真：67151483　　　　　　　邮购：67118491
网址：www.psphpress.com
（购买本社图书，如遇有缺损页可与邮购部联系）

编审委员会

主　任：周继红
副主任：袁守龙
委　员：程　浩　高　严　董寅莹　李文静　严　蓓

编写组

组　长：李文静
副组长：严　蓓
成　员：殷玲玲　许晓东　傅延浩　王　珂　张中朝　远　航
　　　　林　影　陈洁星　张　蔚　曾　宇　孙明涛　牛　琛
　　　　邓小光　谭成威

序

《中国青少年游泳训练教学大纲》（简称大纲）是我国开展青少年运动员培养工作的依据，是一份规划性、指导性的文件。大纲对于我国游泳后备人才的培养和游泳运动水平的提高起到了至关重要的作用。《中国青少年游泳训练教学大纲教法指导书》（简称本书）是对大纲进一步地诠释，内容紧随游泳运动的发展趋势，在游泳教练员的职业素养、教学与管理，尤其是在年龄组的技术训练和竞赛方面，开启了新的篇章。

随着我国游泳事业的发展和理论研究的深入，人们对游泳成绩制胜因素的认识也更加全面：从选材和体能再到技能的规范是取得优异成绩的关键，突出了游泳是以技能为主导的项目特点。专项技能是在多年系统训练中是逐步提高的，在训练初级阶段打下的基本技术基础直接关系着未来优异成绩的获取，并最终决定了竞技游泳人才培养的质量。游泳技术教学训练，有着非常明显的年龄特征，它与儿童的生长发育、智力发展水平、游泳技能形成和训练的规律有着密切的关系。本书首次全面、系统地阐述了游泳教学训练初级阶段的训练理念和方法，剖析了竞技游泳技术形成的训练规律，填补了在系统训练初期技术训练方法的空白，走在了世界的前列。

7～10岁年龄组运动员的教学训练是后备人才培养的基础阶段，对于运动员的成长和发展尤为重要，本书在全面把握大纲内容的基础上，结合青少年游泳运动员教学、训练和竞赛实践，将基本技术教学与训练的主要目标群体定位在该年龄组，进一步完善了竞技游泳后备人才的培养体系。

基本技术是竞技游泳技术的基础，依据基本技术的核心进行训练，不仅是提高训练效益最直接的方法，更是提高后备人才质量的关键。本书包含了图文和视频两个部分，直观、系统、详尽地为游泳教练员、游泳教师提供了每个年龄阶段技术教学训练的组织方式、教学方法、教学顺序、教法步骤、动作示范和基本要求的指导，体现了实用性和可操作性。

在体育培训、竞赛市场多元化发展的今天，为了适应社会发展需求，以竞赛为杠杆，所推出的基本技术比赛项目已经在全国青少年游泳U系列比赛中推广实施，并取得了积极的成效。通过竞赛引导训练的组织者和参与者加强对基本技术的重视和训练，将进一步推动业余游泳训练健康、有序的发展。

本书的撰写分工如下：严蓓负责第一章、第三章第二节和第六章的撰写工作；李文静负责第二章第一、第二、第四节，第三章第一节和第五章第一节的撰写工作；李文静、许晓东和张中朝负责第二章第三节的撰写工作；傅延浩和王珂负责第四章的撰写工作；远航和严蓓负责第五章第二节和第三节的撰写工作。

本书紧随世界游泳技术发展的潮流，扎根于我国业余游泳训练的沃土，并借鉴了众多成功的经验，必将引领我国的少儿游泳训练教学踏上新的征程。

《中国青少年游泳训练教学大纲教法指导书》编写组

2018年1月

目 录

第一章 年龄组游泳运动员培养现状和俱乐部组织管理 1

- 第一节 国内外年龄组游泳运动员培养现状 1
- 第二节 游泳俱乐部的组织与管理 13

第二章 7~10岁儿童（1~4年级）游泳基本技术教学 24

- 第一节 四种姿势技术动作介绍 24
- 第二节 7~10岁儿童四式技术动作教学重点、难点与评价 28
- 第三节 7~10岁儿童游泳基本技术教学训练指导纲要 36
- 第四节 游泳技术教学手段与完成标准 62

第三章 儿童游泳运动员基本技术教学训练方法 68

- 第一节 儿童游泳基本技术训练概述 68
- 第二节 儿童游泳技术教学训练的计划安排与评价 84

第四章 年龄组运动员体能训练方法 95

- 第一节 核心力量训练 95
- 第二节 辅助带训练 118
- 第三节 放松牵拉训练 143

第五章 儿童游泳基本技术比赛 158

- 第一节 儿童游泳基本技术比赛项目及规定 158
- 第二节 儿童游泳基本技术比赛规则与器材要求 164
- 第三节 儿童游泳基本技术比赛裁判工作方法 168

第六章　游泳教练员的职业素养……………………………………179

第一节　游泳教练员的个人素质………………………………… 179
第二节　游泳教练员的沟通技巧………………………………… 180
第三节　游泳教练员的技能教学………………………………… 183
第四节　游泳教练员价值观的传播……………………………… 186
第五节　游泳教练员的团队意识………………………………… 187

附录1　"×××"2018年全国青少年游泳U系列（短池）测试赛 … 195

附录2　竞赛日程 ………………………………………………… 203

附录3　比赛报名表 ……………………………………………… 204

第一章 年龄组游泳运动员培养现状和俱乐部组织管理

章前导读：

本章介绍了我国以及世界游泳强国年龄组训练的发展现状和游泳俱乐部的组织与管理等内容。为提高游泳教练员的国际视野，游泳俱乐部的组建与管理和后备人才培养提供了有价值的参考信息。

第一节 国内外年龄组游泳运动员培养现状

一、国外年龄组游泳运动员培养现状

美国、澳大利亚和英国等游泳强国所开设的游泳竞赛种类较为丰富，而且已经形成了一种系统的竞赛体系。各国政府和游泳协会对其国内的游泳竞赛的发展起到了至关重要的作用。美国、澳大利亚、英国等国都通过完备的竞赛体系来对运动员的发展进行了长期规划，各国的游泳协会根据本国实际情况制订了相应的竞赛计划，从年龄组开始，形成了一整套完整的竞赛体系。通过竞赛计划的实施来提升本国游泳项目的整体水平，并为培养高水平的运动员提供条件。

（一）美国年龄组IMX赛事情况

美国游泳协会为了避免年龄组游泳运动员过早地确定游泳专项，鼓励运动员参与不同的泳式和距离的比赛项目，提高年龄组游泳运动员的全能水平，制订并实施了IMX（I.M. Xtreme Challenge）计划，即"个人全能项目极

限挑战"。比赛共分为两个阶段:第一阶段是个人全能项目预备赛IM Ready（IMR）;第二阶段是个人全能项目极限赛IMX。第一阶段的个人全能项目预备赛IM Ready（IMR）是为了鼓励水平较低的游泳运动员参与比赛,可以视为是参与个人全能项目高级赛（IMX）的预备赛。个人全能项目预备赛（IMR）相对于个人全能项目高级赛（IMX）而言,其距离较短,需要完成5个规定项目的比赛。（表1-1-1）

表1-1-1 个人全能项目预备赛（IMR）各年龄段比赛项目

年龄段	项目
9岁及以下组 10岁组	100米自由泳、50米仰泳、50米蛙泳、50米蝶泳、100米混合泳（短池）或200米混合泳（长池）
11～12岁	200米自由泳、50米仰泳、50米蛙泳、50米蝶泳、100米混合泳（短池）或200米混合泳（长池）
13～18岁	200米自由泳、100米仰泳、100米蛙泳、100米蝶泳、200米混合泳

当运动员觉得自己的个人全能项目水平能够参与更高一级的比赛时,可以申请参加IMX比赛的第二个阶段——个人全能项目极限赛。IMX的项目距离较长,且13～18岁组增加到6个项目。美国游泳协会较为重视大年龄组运动员200米的比赛能力,在IMX比赛中这一点得以体现。（表1-1-2）

表1-1-2 个人全能项目极限赛各年龄段比赛项目

年龄段	项目
9岁及以下组 10岁组	200米自由泳、100米仰泳、100米蛙泳、100米蝶泳、200米混合泳
11～12岁	400米自由泳（长池）或500米自由泳（短池）、100米仰泳、100米蛙泳、100米蝶泳、200米混合泳
13～18岁	400米自由泳（长池）或500米自由泳（短池）、200米仰泳、200米蛙泳、200米蝶泳、200米混合泳、400米混合泳

（二）澳大利亚年龄组游泳竞赛的情况

澳大利亚游泳竞赛主要包括区域性比赛和俱乐部比赛、州级或者市级比赛、全国年龄组比赛、世界青年锦标赛、联邦青年运动会、澳大利亚全国锦标赛等。澳大利亚游泳竞赛较为丰富，在不同年龄都会安排相应的比赛，通过比赛积累经验和建立信心，从而为优秀游泳运动员的选拔提供条件。10～12岁时开始参加俱乐部水平到国家水平的比赛（学籍和年龄组）。发展技术和积极参赛是非常重要的目标；12岁的女孩和12～14岁的男孩主要参加俱乐部和省级水平的比赛（年龄组）。在训练和比赛过程中要对竞技目标进行评价，积累经验；12～16岁时参加省级和国家级水平的比赛（公开组），提升比赛能力。比赛项目开始集中在最擅长的泳式和距离，完善比赛策略和增强心理素质。

（三）英国年龄组游泳竞赛的情况

游泳比赛可以激发青少年对游泳运动的兴趣，增加比赛经验，有效地提高运动成绩。在英国，各类游泳赛事众多，种类丰富，各地的游泳俱乐部都积极参加这些比赛，为英国源源不断地培养优秀的游泳人才。俱乐部学员们参加的赛事以邀请赛为主。此类邀请赛一般由知名俱乐部组织，比赛时间多安排在周末，只要成绩达到标准，俱乐部的成员均可报名参加。除俱乐部邀请赛外，英国各地的游泳俱乐部也参加其他游泳赛事，这些赛事主要包括：地区锦标赛、各地的公开赛、各地游泳俱乐部举办的标准池运动会和短池运动会、各地的青少年锦标赛、地区少年游泳联赛、地区超级联赛、省级游泳锦标赛等。来自各俱乐部的高水平选手可参加青年锦标赛、各地的大师赛、公开大师赛、全国年龄组锦标赛、全国游泳联赛和每年一度的英国游泳锦标赛等高水平赛事。从俱乐部内部的小型赛事到俱乐部之间的邀请赛，从地区赛事到全国性的比赛，这些面向各俱乐部、各年龄段、各级水平游泳者的比赛有效地推动了英国游泳运动的发展。

二、国外年龄组游泳运动员培养的模式

国外的游泳协会十分重视对运动员的长期发展规划，运动能力的发展要符合自然生长发育的规律，从幼儿到成年，要经过青春期前期、青春期、青春期后期和成熟期等几个发展阶段，各发展阶段的运动训练内容和方法各有侧重。教练员可以在每个赛季的开始和结束期间，通过测量青少年运动员的身高评估运动员的发育水平，判断运动员是否属于早发育或是晚发育，最后制订有针对

性的训练原则和计划。运动员长期发展计划的制订有助于教练员发掘运动员自身的潜能。

（一）美国年龄组游泳运动员培养的模式

美国的游泳训练地点都在学校或者俱乐部里。全国大、中小学中的体育协会组织校际体育竞赛，其宗旨是促进体育竞赛成为整个教育中不可分割的一部分。运动员可以在比赛中获得荣誉为校争光，在学生群体中树立形象并带动其他学生参加体育锻炼。学校通过校际竞赛达到培养体育后备人才的目的。下面，以美国某游泳俱乐部的训练分组为例进行讲解。

（1）准备组：专为学习游泳运动或夏季训练组的入门级游泳者而设计，不以参加比赛为目标，但可以参加由教练员批准的比赛，属于娱乐游泳水平（不包括在美国游泳协会计划中）。

（2）白色组：专为初级游泳者设计，发展对游泳健身和探索竞争游泳的基础，专注于技术和健身，不需要比赛，但如果教练员批准，可以选择比赛。

（3）红色组：专为想要参加竞技游泳的运动员而设计，提高竞技游泳水平，专注参加地方、州和区域的比赛。本组的训练重点是身体素质，重视有氧训练及各种专项能力训练。游泳运动员将在州内和区域比赛中进行竞争。

（4）黑色组：专为具有竞争力的游泳选手而设计，他们希望在最高级别的比赛中取得成功，并专注于参加高级别的地方、州、区域和精英锦标赛。这个团体的成员必须保证训练出勤和追求个人目标与团队目标的一致性。本组训练的重点是提高身体素质、重视有氧耐力和游泳专项技术水平的提升，不断改进技术，提高比赛能力和心理素质水平。游泳运动员将参加州、区域和高级别的比赛。

（5）黄金组：专为具有竞争力的游泳运动员而设计。他们希望在精英级别取得成功，并专注于在国家、区域和精英锦标赛中取得优异成绩。黄金组成员必须保证训练出勤和追求个人目标与团队目标的一致性。游泳运动员将参加州、区域和国家级别的比赛。

（6）铜色组：专为希望在NCAA、国家和国际比赛中取得优异成绩的职业游泳选手而设计。该团体的游泳运动员将准备参加最高级别的比赛，需保持100%的出席率。

（7）国际生：专为美国/国际游泳选手设计，希望在国家和国际比赛中取得优异成绩。月费包括游泳俱乐部注册。该团体的游泳运动员将准备在最高级别进行比赛，需保持100%的出席率。

（8）高中强化组：该组仅适用于希望在高中休学期间参加游泳运动或额外训练活动的高中学生。所有成员必须在美国游泳协会有效注册。需要特别注意的是，由于NCAA规定，参加本计划的所有高中毕业生（9～12年级）必须住在俱乐部训练地点的50英里（1英里约为1.6千米）半径内。

除准备组以外，其他组别要求游泳者必须准备以下器材：游泳帽、游泳镜、脚蹼、夹板、打腿板和网袋等。

美国的高等教育是美国培养优秀体育人才的中坚力量，也是体育后备人才储备的重要基地。美国大学开展体育竞赛已经有160多年的历史，竞技运动不仅水平高且受重视，大学里的竞赛设施完善且配备优秀的教练员。每学年赛事都非常多，竞争激烈，已成为美国校园文化重要的组成部分。全美各大学大都有自己的校队，学校赛事形成产业链，不仅会宣传提高学校知名度，还会吸引许多企业财团赞助。学校通过丰厚的奖学金吸引优秀的体育人才，在美国最好的60所大学里，每年提供的奖学金数量高达10500个，奖金总额近7000万美元（1美元约为人民币6.4元），极大地刺激了美国大学体育运动的发展。美国游泳后备人才大多是在校学生。学生平时把游泳作为一种课余锻炼，因此美国游泳后备人才十分充足。

（二）澳大利亚年龄组游泳运动员培养的模式

2008年北京奥运会时的澳大利亚游泳队平均年龄为23岁，无20岁以下的运动员。根据奖牌榜统计，获得金牌的游泳运动员其平均年龄22.2岁，其中男子运动员平均23.9岁，女子运动员平均20.4岁，从中可以看出，年长且成熟的优秀游泳运动员可以保持更长时间的最佳竞技水平。科学研究已经证实，至少需要10年或10000小时，才能使具备运动天赋的运动员的运动技能达到精益求精的水平。对于运动员和教练员来说，要想攀登竞技高峰需要花费约10年的时间，平均每天约三个小时的训练，无捷径可走。因此，澳大利亚年龄组游泳运动员的培养形成了自己较为完善的训练模式，如表1-1-3所示：

表 1-1-3 澳大利亚年龄组游泳运动员多年发展模型

年龄	8±1岁		10±2岁		女12岁/男13±1岁		14±2岁	
训练周期	2年		2年		2～3年		3～5年	
每周训练次数、时间	水上：2～4次 40～60分钟	陆上：1～2次 15～25分钟	水上：3～5次 60～75分钟	陆上：2次 20～30分钟	水上：4～6次 75～90分钟	陆上：2～3次 30～45分钟	水上：6～10次 90～120分钟	陆上：2～3次 45～60分钟
训练量	0.75～2千米		2～3.5千米		3.5～6千米		4～8千米	
年训练量（水上）	24～30周，75～250千米		30～36周，250～500千米		36～44周，500～1000千米		40～46周，1000～2500千米	
训练目标	•四式技术 •比赛技术：出发、转身、节奏 •有氧耐力 •水感练习 25～50米，速度练习 •简单的训练计划和游戏	•柔韧性和灵活性 •全面身体素质 •运动协调 •集体活动	•技术 •比赛技术 •有氧耐力 •速度（<50米）加速度 •更多样化的训练方法	•根据体重增加力量训练的比例 •发展全身肌肉群 •柔韧性和灵活性 •提高核心肌肉力量	•技术 •增加训练量 •比赛技术 •速度（<50米）加速度 •增加一些强度间歇训练	•对骨骼、肌肉的评估 •自身体重力量的练习（简单地练习器械） •柔韧性和力量	•增加训练量和强度 •综合的训练模式 •专项化 •完善技术细节	•定期的力量训练计划 •水陆转化 •循环训练 •保持柔韧性

教练员很清楚，身高增速最快期（增长率）与发育成熟最高峰期是不同的。当运动员达到发育成熟最高峰期时，身高是零增长。以下是各训练阶段的建议：

（1）起始阶段——0～6岁，主要任务是学会游泳。学习熟悉水环境，包括控制呼吸、浮力、滑行、打腿、划臂推进、协调、水感训练和一些基本的水上安全的活动。

（2）基础阶段——女孩5～8岁，男孩6～9岁，主要任务是基本运动技能的发展。该阶段的学习活动应有组织性和趣味性，学习与该年龄阶段相适应的基本技术动作。

（3）教学训练阶段——女孩8～11岁，男孩9～12岁，该年龄段处于生长突增期前，应注重对基本技术的反复练习，掌握配合技术和比赛技术，包括出发、转身和到边技术。

（4）训练阶段——女孩11～14岁，男孩12～15岁，在此训练阶段，应强调有氧能力的培养并结合发展速度和无氧能力。在此期间，可以增加体能和技术训练的比例，开始学习正确的负重力量方法。运动员的重点在于训练过程，而不是比赛的结果。

（5）训练比赛阶段——优化阶段，女孩14～16岁，男孩15～18岁。该阶段的训练应继续在全面发展身体素质的基础上，培养比赛能力和无氧能力，发展水中专项能力和确定个人主项。应继续发展综合力量、核心肌群力量，并保持关节和韧带的柔韧性。在竞赛方面，参加全国公开赛和年龄组比赛，积累比赛经验并建立自信心，努力争取进入国家队，参加国际比赛。

（6）竞争获胜阶段——能够在两届或两届以上的奥运会周期中保持最佳竞技状态。

（7）积极生活——健康生活，保持终身体育锻炼。

优化长期训练的建议：

（1）早发育的运动员由于身体发育的优势会提前在比赛中获胜，但这并不能预测未来同样能获胜；

（2）个别晚发育运动员的成绩会追平甚至超过早发育的运动员，并最终取得成功，因此教练员需要系统地关注运动员的个体发展。

教练员要判断运动员所处的发育阶段，再鉴别运动员的发育类型，以采取适合的训练计划，这样才能取得事半功倍的效果。不管是对于早发育型运动员还是晚发育型运动员，都要重视运动员的基本技术训练。

（三）英国年龄组游泳运动员培养的模式

英国游泳运动员发展支持计划（Athlete Development Support Pathway，ADSP）是针对游泳学习和训练进行了具体的规划，旨在鼓励民众终身参与体育运动（游泳运动）。ADSP的发展模型共分为七个阶段，充分体现出终身体育的理念。

1. 起始阶段

ADSP模型的开始阶段，鼓励0～6岁的儿童积极参与游泳运动，以游戏活动为主，培养儿童在水中的基本活动技能、自信心和兴趣。

2. 学习阶段

ADSP模型的游泳基础学习阶段，主要面向对象为6～8岁的女孩和6～9岁的男孩。该阶段中除了培养游泳兴趣外，关键在于学习包括蝶泳、仰泳、蛙泳和爬泳在内的游泳技术，参与者在完成7级课程后应能够游完25米的距离。

3. 基础训练阶段

ADSP模型中游泳训练的基础阶段，主要面向对象为8～11岁的女孩和9～12岁的男孩。该阶段主要任务是进行游泳专项技术的基础训练，掌握游泳初级救生技能和呼吸管的使用。

4. 专项训练阶段

ADSP模型中的游泳专项训练阶段，主要面向对象为11～15岁的女运动员和12～16岁的男运动员。运动员在该阶段主要任务是提高游泳专项训练水平，促进身体健康发展，通过竞赛体验竞技运动快乐。

5. 竞技提高阶段

ADSP模型中游泳竞技能力的提高阶段，主要面向对象为15～18岁的女孩和16～19岁的男孩。运动员在经历了专项训练阶段后，在该阶段参加更高水平的游泳比赛，着重发展竞赛能力，强调在竞赛中发挥训练水平。

6. 最佳竞技阶段

ADSP模型中运动员的最佳竞技阶段，主要面向对象为18岁以上的女运动员和19岁以上的男运动员。在该阶段中，运动员在训练和竞赛中都应保持最佳的竞技状态，通过参加高水平的游泳竞赛不断取得优异的成绩。

7. 休闲体育阶段

形成终身体育习惯，旨在推动游泳爱好者将游泳作为一种健康的生活方式，积极参与游泳运动，促进身体健康发展。

三、中国年龄组游泳运动员培养现状

（一）青少年游泳运动开展整体情况

近两年来，在国家体育总局游泳运动管理中心的引导下，游泳赛事整体上发展较好，部分省市青少年游泳赛事参赛人数变化和发展趋势为：东部及传统强省、强市的青少年参赛人数稳步上升。

东部地区发展速度较快，青少年参训人数基数大、参赛人数较多，明显优于西部地区。游泳竞技水平的高低，与当地经济发展的程度以及人民群众体育消费意识和水平息息相关，这说明游泳运动的发展对经济发展水平的依赖程度较高。东部省、市每年有6～9个主要的赛事，比赛次数较其他省市要多。比赛数量的增加，不仅能够更好地激发青少年对游泳运动的兴趣和爱好，也能促进家长的支持程度，从而使更多的青少年儿童参加长期训练得以坚持下来，最终增加了选材的广度和成功率；而其他省市每年只有两个主要赛事：青少年锦标赛和青少年冠军赛；游泳水平落后的省份，每年度只有一次大型的比赛，这使许多在训的青少年参与竞赛的机会较少，也使广大青少年及家长对于游泳运动的认识水平非常有限。由于缺少竞赛的刺激，运动员也难以在较为枯燥的游泳训练中找到坚持下去的动力与目标，从而使得很多青少年早早放弃了游泳训练，最终造成后备人才的大量流失。

与2016年相比，除年度常规赛以外，2017年增加了全运会少年组比赛和全国游泳俱乐部锦标赛。这是首次在全运会上增加了少年组的游泳比赛，目的是为了更好地体现全民参与全运会的主导思想。在此次少年组的比赛中，参赛选手还可以以个人的名义报名参加比赛，目的是让更多青少年游泳选手有机会登上全运会这一全国最高水平的竞赛平台。举办全国游泳俱乐部锦标赛的目的则是为群众提供参与全运会的途径，增加普通百姓的参与度和获得感，使之成为竞技体育与群众体育协调发展的平台。这要得益于国家体育总局"全运惠民，健康中国"的办赛宗旨。为进一步打好儿童游泳技术基本功基础，国家体育总局从2016年开始在全国少儿游泳锦标赛的竞赛规程中专门增设了（10岁组）技术比赛，项目有50米蝶泳、仰泳、蛙泳和爬泳的技术比赛。在2017

年（10岁组）的技术比赛整体成绩也好于2016年，这说明教练员对技术比赛支持程度较高，在儿童小年龄组运动员训练中已经有意识地加强了游泳基本技术内容的比重。

由中国游泳协会和游泳运动管理中心主办的游泳青少年U系列竞赛在2018年共有10站系列赛和1站总决赛。游泳青少年U系列竞赛项目由两部分组成，即全能比赛和基本技术比赛。在过去的30余年中，我国通过全能比赛发现和培养了大批的优秀游泳运动员。今天，全能比赛和技术比赛已经构建了一个更加完整的游泳后备人才竞赛体系。

7～10岁的儿童游泳基本技术比赛是针对儿童的生长发育特点、素质发展敏感期和智力发展水平研制的，已经经过了3年的研究和比赛实践。在前期实验的基础上，2018年全国U系列比赛首次推出了7～9岁的基本技术比赛，建立了一个完整的基本技术比赛系统。完美的技术是由若干个基本技术元素组成的。基本技术比赛的目的就是要培养青少年游泳运动员的基本功。7～10岁一共有20个技术比赛项目。这些项目既是比赛项目，也是教练员日常采用的练习手段，通过竞赛的杠杆作用来指导不同年龄段的运动员训练，遵循游泳技术特点和循序渐进的原则，为青少年游泳后备人才的培养搭建一个阶梯式的上升平台。

（二）学校"体教结合"的竞赛活动开展情况

全国体育传统项目学校联赛游泳比赛是推动学校游泳运动开展的主要赛事。此赛事目的是带动各省开展体育传统项目学校联赛游泳比赛，在少年儿童学生中普及游泳、救生项目知识和技能，形成校园体育文化，培养全面发展、特长突出的少年儿童体育后备人才，从而推动少年儿童体育后备人才体系的完善，增加游泳后备人才的基数，增大选材的广度。

全国体育传统项目学校联赛游泳比赛的整个比赛过程，既有游泳竞技比赛，也有文化交流学习以及少年儿童理想、信念的教育活动。整个赛事将体育与文化教育高度融合，是今后需要坚持与推广的主要赛事之一。我国游泳体育传统项目学校联赛从2013年开赛到现在为止，参赛队伍、参赛人数逐年增加，并从2014年开始在比赛期间开设全国青少年游泳夏令营活动，开展普及青少年游泳大讲堂，受到了广大运动员的热烈反响。

四、中国年龄组游泳运动员培养的模式

中国年龄组游泳运动员培养模式正在深化和改革,已经开始从单一"举国体制"背景下的以各省、市、地区体校训练和选拔为平台的培养模式向多样化的培养模式转变。游泳运动员的培养模式应该不拘泥于传统模式,而是应该探索多样化的培养模式。通过多样化的培养模式能够为国家更大范围和更大程度地培养更多优秀的运动员。

(一)"举国体制"背景下层层向上输送人才的体校培养模式

我国大多数学游泳的儿童首先是接受暑期游泳培训,在教学培训的过程中,教练员会根据自己的经验推荐有一定发展潜能的学生到业余体校训练,也有通过选拔达到一定标准的学生进入业余体校进行半专业化训练,然后再到省体校,经各种赛事的选拔进入省、市游泳队,通过全国性大赛挑选出优胜者,最后到国家队。这种比较完善的一、二、三线衔接的训练体系,形成了层层向上的"金字塔"培养模式,也就是目前我国主要的游泳人才培养模式。

(二)深化"体教结合"人才培养模式

由于游泳项目的特点,深受广大中学生和小学生的青睐,很多省、市都把游泳课作为必修课和中考项目。游泳俱乐部、传统项目学校的成绩水平也在逐步提高。尤其是高等学校的高水平运动队的吸引,使未进入专业队的运动员有了继续训练的动力,有了培养优秀游泳运动员的另一条通路。

国内外专家一致认为,小、中学一条龙体系培养的运动人才是高校高水平运动队最佳的人才来源。目前,我国的一些大、中、小学建立了游泳池馆,广州市还把游泳列入体育教学大纲。在青少年游泳分区赛上,许多代表队是以学校名义参赛的,这说明了教育系统在参与业余游泳训练和后备人才的培养方面有了观念的改变并已达到了一定的水平。在2017年清华大学校方提出清华大学学生不会游泳者不能毕业的要求,南方多所高校积极响应也提出了此类要求,入学后进行游泳技能水平测试的规定,进而让更多家长及青少年意识到,从少年儿童时期就应学会游泳。高校的招生要求与规定如同一根指挥棒,使人们逐

步认识到学会游泳的意义不仅是掌握了一门生存技能也是跨过了考入高校的一道门槛。这对我国更多的少年儿童学游泳和参与游泳训练起到了推动作用。

青少年业余游泳训练的组织者和管理者应该迅速转变观念，顺应"体教结合"运动员培养体制改革的必然趋势，作为从小学到中学的一条龙培养方式的辅助手段，有助于保持运动员训练的连续性，为培养更多德、智、体、美、劳全面发展的专业游泳运动员创造有利的条件，为高校建立高水平游泳队提供保证。

（三）俱乐部形式的游泳人才培养模式

俱乐部人才培养模式是游泳强国培养竞技游泳高水平运动员的重要手段。竞技强国的优秀游泳运动员几乎都是由大学俱乐部或社会俱乐部培养出来的，如美国的菲尔普斯和施皮茨都是在俱乐部的培养模式下成长起来的。我国有些优秀运动员也是俱乐部培养模式下的代表。现如今我国对俱乐部人才培养模式的重视程度也在不断升温，但是相关规章制度的完善是亟待解决的问题。大学俱乐部和社会俱乐部是我国正在逐步探索和发展的游泳人才培养模式，相信在不远的将来，针对俱乐部的相关制度会不断得到健全，从运动员、家长、家庭、社会、国家会越来越认可俱乐部形式的游泳人才培养模式。

五、国内外年龄组游泳运动员成绩对比

近年来，在中国青少年游泳训练教学大纲的指导下，我国也在探索多样化游泳人才培养模式，取得了明显的成效。从2017年全运会少年组游泳项目的比赛成绩来看，在我国11～12岁年龄组开设的比赛项目中，无论是夺冠成绩还是整体水平，我国运动员都有着较大的优势，甚至会出现我国前八名的成绩能够排到美国前三名或者冠军的位置，特别是蝶泳短距离项目和中长距离项目的整体水平也远胜于美国同年龄组的运动员。但随着年龄增长，在女子13～14岁年龄组与英、美两国的同龄运动员对比当中发现，我国运动员的优势不再明显，多数项目的夺冠成绩虽然还是要略微胜于英、美国家，但从各项整体水平来看，英、美国家已经大幅度缩小了差距，甚至能够和我国持平。在蝶泳和蛙泳项目上，英、美国家的夺冠成绩已经超越了我国。英国、美国前八名成绩相对比较平均，整体水平较高。而我国某些项目出现第一名很突出，而随后七名运动员的成绩离第一名差距较大

的现状，整体水平不高。然而，我国少年儿童运动员在中长距离项目方面的（如200米、400米、800米自由泳项目）优势相比英、美较为明显。

第二节　游泳俱乐部的组织与管理

一、我国游泳俱乐部的组织与管理

（一）游泳俱乐部的建立

国内游泳俱乐部单位性质被规划为"民办非企业单位"，需受当地民政部门及体育主管部门的共同管制。其中民政局负责俱乐部的相关资质的审核、相关许可证书的发放以及俱乐部资格年审、变更及注销等；体育主管部门负责俱乐部相关资质的审核并出具同意俱乐部成立的相关文件。

1. 申办游泳俱乐部需同时具备以下条件

（1）经当地体育主管部门审查同意；

（2）俱乐部名称经民政部门审核通过；

（3）俱乐部从业人员具备相关资质及证书；

（4）开展游泳相关活动的场地；

（5）俱乐部具备相应的合法财产。

2. 申办游泳俱乐部所需材料

（1）当地民政部门领取登记申请表；

（2）当地业务主管单位（体育局）的批准文件；

（3）场所使用权证明（应提供产权证或一年期以上的使用权证明，教育类已经取得相应的执业许可证书的可不提交场所使用权证明）；

（4）开办资金要符合业务主管单位和登记管理机关的规定；

（5）拟任法定代表人或负责人的基本情况表（提交居民身份证或一年期

以上暂住证原件及复印件）；

（6）俱乐部章程草案；

（7）安全责任制度；

（8）民办非企业单位工作人员情况表；

（9）民办非企业单位三年发展规划；

（10）举办者或举办单位资质证、照；

（11）董（理）事会成员基本情况表；

（12）监事或监事会成员基本情况表；

（13）理事会决议（内容包含推选董事长或理事长、通过章程）；

（14）其他需要提交的材料等。

3. 申办游泳俱乐部的流程

（1）向相关部门提出申请；

（2）申请材料符合受理标准的，即时受理；

（3）审查与决定（自受理之日起60个工作日内做出是否准予登记的决定）；

（4）颁发登记证书（自做出决定之日起10个工作日内，准予成立登记的，向申请人颁发《准予行政许可决定书》和《民办非企业单位登记证书》）；不准予设立登记的，颁发《不予行政许可决定书》。

游泳俱乐部注册成立之后，可以以团体会员的名义加入单项运动协会或当地体育总会。

（二）游泳俱乐部的开展形式

现阶段我国游泳俱乐部开展活动的形式主要是以运动学校、业余体校、大中小学校、游泳场馆、游泳协会及社区为主要依托来进行。其中大部分游泳俱乐部隶属于体育管理系统和教育系统。因我国大多数游泳场馆资源都集中在各地市的体育中心或当地学校内部，另外，这部分游泳俱乐部主要是由体校教练员或体育教师任教；其余还有小部分游泳俱乐部隶属于私营游泳场馆、游泳协会或社区组织。所有游泳俱乐部都需要有具备专业资质的人员执教。

（三）游泳俱乐部的组织结构

游泳俱乐部的组织机构设立包括办公室、培训部、财务部、人事部、宣传部、场地组等。通常情况下，游泳俱乐部领导层由理事长、总经理、监事组成，下属教练员、财务人员、销售人员、救生员、前台接待、保洁员等，部分游泳俱乐部还会聘请名誉理事长或企业家作为常任理事。按照管理部门的规定，游泳俱乐部必须建立健全规章制度，包括《俱乐部章程》《俱乐部管理方法》《俱乐部工作人员岗位职责》《俱乐部奖惩制度》《俱乐部会员入会及收费制度》《安全责任书》等。

（四）游泳俱乐部教练员配置

教练员素质是一个游泳俱乐部的关键因素。教练员的执教水平关系到俱乐部发展的方方面面，对游泳教练员的选聘及管理是影响俱乐部长远发展的关键。

目前，国内游泳俱乐部的教练员大都由体校教练员、学校体育教师、退役运动员、高校游泳专项毕业生、高校体育专业毕业生组成。成为一名正式游泳教练员需要持有国家职业资格鉴定中心颁发的初级或中级救生员证书、初级或中级游泳社会体育指导员证书才可上岗。教练员相关从业证书可以到当地体育局或职业资格鉴定中心咨询考取。

国内游泳俱乐部的教练员通常设置为总教练、主教练及助教。大部分游泳俱乐部的总教练需管理俱乐部的所有事宜，属于俱乐部领导层，总教练通常负责培训课程的设计，把握发展的总方向，有时还需负责与学员及学员家长的沟通。主教练负责年、月、周训练计划的制订和执行，可自行设计课训练计划，辅助总教练完成各项培训相关事宜。助教负责协助主教练完成每次课程训练计划。

（五）游泳俱乐部的课程设置

游泳俱乐部工作开展必须要有完善的课程设置，俱乐部面对的学员群体是多样性的，这就要求游泳俱乐部针对不同的人群开设不同的课程。对刚开始学习游泳的儿童少年，主要依据年龄来划分组别，经过一个阶段的学习后，又可根据学员进步的不同程度以其所达到的水平来划分组别。课程设置主要根据教学对象的需求而完善。

国内某游泳俱乐部课程按照教学内容划分见表1-2-1。

表 1-2-1　课程表

班别	教学目标
启蒙班	熟悉水性，具备基本自救能力，培养对游泳的兴趣
初学班	熟悉水性、掌握蛙泳、爬泳、仰泳（任选一项）基本技术
提高班	学习踩水技术、运用蛙泳、爬泳、仰泳（任选一项）能连续游50米以上
选材班	经教练员选拔、审核获得进入长训班资格
长训班	学习四种泳式技术、水陆训练相结合、全面提高学员的身体素质、培养竞技游泳后备力量

（六）游泳俱乐部的宣传

游泳俱乐部利用各种媒介对自身品牌进行宣传，以营造俱乐部的影响力。大多数游泳俱乐部会设立宣传机构，加强宣传的力度。

（1）俱乐部成立之际，邀请当地知名人士参与，利用电视、广播、报纸等新闻手段进行大力宣传报道，特别要针对青少年群体进行宣传。

（2）利用网络媒介，如微信公众号、QQ、微博、制作俱乐部网页进行宣传。

（3）制作广告牌、宣传册、印制俱乐部标志的广告衫或游泳装备。

（4）通过培训学员及会员进行口口相传，并开展各种新老学员游泳活动，帮助俱乐部宣传造势。

（5）承办各种体育活动或体育赛事，营造俱乐部氛围。

二、美国游泳俱乐部的组织与管理

美国是世界游泳强国，强大的后备人才是美国游泳成功的重要保证。因此，美国在培养游泳后备人才方面的成功经验具有一定的指导意义。以美国亚利桑那州凤凰城Pitchfork游泳俱乐部为例，介绍美国青少年游泳俱乐部的目标、课程设置及训练情况，为我国青少年游泳的建设和发展提供借鉴。

美国主要是通过青少年游泳俱乐部的方式来普及和提高青少年的游泳水

平。美国的青少年游泳俱乐部遍及全美城市和乡村,大多数并没有自己的专属训练场地,依托大学、中学和社区的游泳场馆,每个俱乐部都有具备各自特色的课程,收费标准也大不相同,看似松散的俱乐部组织其实都是在美国游泳协会的统一领导和指挥下(运动员保险和比赛标准等)运转的,这也意味着所有的俱乐部成员都是美国游泳协会的会员。

下面以美国西部某游泳俱乐部为例介绍美国游泳俱乐部的概况。游泳俱乐部课程目标是通过浮力、平衡、呼吸和身体姿势培养青少年在水中的活动能力,以及发展打腿、滑行和节奏、呼吸等水中运动技能。此外,更重要的是,该计划使参与游泳的青少年了解水的特性,发展竞技游泳技能,促进青少年游泳运动员身心的健康发展。

(一)游泳俱乐部的建立

在美国建立游泳俱乐部必须具备以下条件:①美国游泳协会认证的教练员证书;②美国联邦税号;③具备游泳训练的场地或游泳场馆租赁合同;④俱乐部章程;⑤俱乐部第一年经费预算报表;⑥安全责任计划书;⑦市场调查企划书;⑧教练员必须参加美国游泳教练员基金会在线101课程及201课程。

美国游泳俱乐部的组建主要有三种形式:由教练员组建的俱乐部;由游泳场地拥有者组建的俱乐部;由家长组建的俱乐部。这三种类型的游泳俱乐部都由美国游泳协会统一管理。同时这三种类型的游泳俱乐部在发展的过程中存在显著的差异性。相对于国内的游泳俱乐部,美国的游泳俱乐部更加商业化、制度化、俱乐部的目的相对更加明确。

(1)游泳教练员组建的俱乐部趋向于竞技化、专业化。培养出的优秀的游泳运动员相对更多,同时美国游泳协会针对此类游泳俱乐部的要求也更高,需要教练员综合素质更加全面地发展,能够承担更加多样化的角色。

(2)场地拥有者组建的俱乐部趋向于大众化、平民化。通常包括大学或学院、基督教青年会(YMAC)、男孩和女孩俱乐部、公园和娱乐部门、私立学校或学区。俱乐部教练员由学校教员或基督教青年会的雇员组成。对游泳运动的普及及推广起到了积极的作用。

(3)家长组建的游泳俱乐部最大的特点是政府会给予免税或减税政策,美国游泳协会对这类俱乐部的监管是很严格的,要求俱乐部必须成立董事会,一般情况下，董事会需由游泳队员的父母承担相应的责任。

（二）游泳俱乐部的课程设置

1. 启蒙教学

除了学习水中安全、动作技术和水中救生技能外，还学习如何漂浮、身体姿势和位置、有呼吸节奏，以及如何在水中保持平衡。选择有教练员资质和相应能力的教练员，以有趣和富有想象力的方式教授这些概念。这种教学理念可以保证俱乐部的训练计划获得成功，确保每个参与者有机会在水中安全、舒适和自信地完成训练，包括5个级别，见表1-2-2。

表 1-2-2　启蒙教学的 5 个级别

班别	学员年龄	师生比例	教学内容	备注
入门班	0.5～3岁	1:8	体验和理解浮力、平衡和呼吸控制，帮助他们顺利进入学习游泳的计划	需父母陪伴，鼓励家长陪伴孩子学习新技能，提高在水中的舒适度
初学预备班1 初学预备班2	3～5岁 2～6岁	1:4	基本的水中技能，如辅助和无辅助的漂浮，吹泡泡和从浅底（3英尺，1英尺约为0.3米）拾捡物品学习水中安全课程	在没有父母参与的情况下，让孩子们学会在水中和水下自如活动
初学班	3～5岁或6岁以上	1:4	掌握广泛和多样的水中技能	对于在水中可以自如活动的孩子，能够完全没入水中，并且可以完成前后滑行
高级初学班1 高级初学班2	4～6岁或7岁以上	1:5	学习自由泳技术，与正式比赛相关的泳式技巧将被引入	这个课程主要是在深水教学，但可能会根据游泳场馆的设施条件而有所不同
中级班	6岁以上	1:5	这个阶段将可以表现出自如的呼吸，以及自由泳、仰泳和水感练习	中级班开始在游泳距离方面有所增加

以上集体课程每期4周，每周可选择1次、2次或3次，费用根据课次相应提高（可应要求提供半私人和私人课程）。

2. 训练提高阶段

所有在俱乐部训练的运动员必须是美国游泳协会注册会员，缴纳美国游泳协会注册费和转会费是每个会员的责任。必须在开始上课之前向教练员提交有效的美国游泳协会会员卡,并发送电子邮件至俱乐部邮箱。俱乐部会员费以年费形式收取,向会员发放印有统一标志的T恤和游泳帽。(表1-2-3)

表1-2-3 按照会员的年龄、组别制定训练次数和训练时间及收费标准

组别	学员年龄	收费标准	训练次数及训练时间
准备组	13岁以下	80美元/月	每周3次训练 周一、周三:17:45-18:45 周六:11:00-12:00
白色组	13岁及以下	125美元/月	每周3次训练 周一至周四:17:45-19:00 周六:11:00-12:15
红色组	13岁以下	150美元/月	每周3次训练 周一至周五:17:00-18:45 周六:11:00-12:45
黑色组	13岁及以下	175美元/月	每周3次训练 周一至周五:17:00-19:00 周六:11:00-13:00
黄金组	13~18岁	199美元/月	每周8次训练 周二和周四:17:30-19:00 周一至周五:16:00-18:15 周六:9:00~11:00
铜色组	高中、大学和研究生	250美元/月	每周8次训练 周二和周四:17:30-19:30 周一至周五:16:00-18:15 周六:9:00-11:00
国际生	高中、大学和研究生	250美元/月	每周8次训练 周二和周四:17:30-19:00 周一至周五:16:00-18:15 周六:9:00-11:00
高中强化组	14~18岁	135美元/月	每周6次训练 周一至周五:17:45-19:00 周六:11:00-12:00

(三)俱乐部给家长的建议

参与俱乐部训练,为孩子们提供了一个安全的学习环境,使他们在水中变

得舒适和自信。特别是针对儿童、少年来说，强调早期的情感，社会和身体成长与发展。

父母可以从靠近游泳池的地方观察孩子的训练，但尽量不要让孩子看到，因为家长的存在会分散孩子们的注意力，他们会时不时看着自己的父母。此外，适当的训练装备可以帮助孩子们享受上课。例如，适合的泳装和泳镜，长发的女孩将头发绑起来戴上泳帽，这些都会是非常有帮助的。对于年龄较小的孩子，建议父母与异性的孩子一起使用家庭更衣室，逐渐培养孩子独立更衣、洗澡的自理能力。

要注重因材施教。每个孩子的起点不同，而且都以不同的速度成长和学习。因此，要给予孩子足够的练习时间以提高他们的新技能。水中安全是学习所有水中技能的前提。因此，在学习游泳的初级课程中，每一次课都会教授水中安全的技能。作为孩子的家长，不要把学习游泳技术当作唯一目标，孩子在课堂上的安全是最重要的。

在俱乐部学习和训练的过程中尽量保证满足每个孩子的需求，同组的孩子有年龄和训练水平差异，而且有可能在一段时间里维持在某一个水平（没有显著的进步）。因为在每个训练阶段，都会有多种技能平衡发展，扬长避短。如果有的孩子出现情绪问题，要及时与教练员沟通。如果教练员和家长能够尊重他们的感受，多一些耐心和理解，可以增加孩子们对学习游泳技能的乐趣。

（四）俱乐部家庭服务政策（一年）

游泳俱乐部的成功取决于所有家长的参与和支持。为了筹备俱乐部主办的各种社交活动，俱乐部有一个专门的家庭服务政策，要求父母在孩子的游泳学习和训练中发挥积极作用。这意味着每个家庭都将参与游泳俱乐部的活动。家庭服务政策的主旨是："我们需要你的参与！"

家庭服务主要是基于服务时数和筹款。注册工作和跟踪服务时数是通过俱乐部的网站完成的。根据俱乐部成员所属的练习组，分为三个级别。如果团队中一个家庭有多名游泳运动员，那么家庭服务的时数以组中具有较多时间要求的游泳者而定：

①每个黄金组或黑色组家庭25小时/年；

②每个红色组家庭15小时/年；

③每个白色组家庭5小时/年。

单亲家庭只需要完成总数的一半，筹款要求是每家、每年300美元。

俱乐部家庭服务政策统计年度为9月1日至次年8月31日期间，截至8月31日，如果不能完成服务时间，就要缴纳每小时20美元的补偿金。但是，超过要求的服务时间也不会转移到下一年。参与俱乐部的各项活动，支持俱乐部的各种活动是每个家庭的义务和责任，除此之外家长还要参与游泳俱乐部的各种比赛等。要倡导所有俱乐部融入团队活动，营造我们是一个团队、我们需要共同努力的良好氛围。所有需要家长加入的活动内容和时间列表都会在俱乐部网站或以电子邮件的形式公布，家长可以通过网站或通过电子邮件有选择地参加。活动结束后，服务的小时数将根据登录表进行记录。

家长可以选择参加的服务岗位：（以下8个岗位，仅"官方裁判"需要进行专业培训）。

（1）官方裁判。

家长经过规定时数的游泳规则和裁判法学习并通过测试，就有资格参与裁判员的工作，每次比赛需要5～10名裁判员。俱乐部鼓励更多人来参与培训成为官方裁判员。完成培训和在线测试的时间可以被认定为服务时间。

（2）比赛宣告。

只要语音标准、吐字清晰就可当宣告员，负责宣布每场比赛，介绍运动员和宣读成绩。每次比赛需要1个宣告员。

（3）计时裁判。

学会操作盲表和计时秒表就可当计时裁判员，确保每条泳道计时裁判员的数量，计时长分发秒表和记录夹板。与比赛裁判员沟通任何有关计时器的需求或问题。每次比赛需要8～10名计时裁判员。

（4）后勤补给。

家长还可作为后勤工作人员，组织和计划比赛期间的饮食和食物供给，安排比赛官员与志愿者见面。在赛前负责联系比赛指定酒店，协助酒店工作人员向教练员和官员提供所需服务，以及在赛场辅助教练员工作，每次比赛需要2～4人。

（5）收集传递成绩。

在每组比赛后从各泳道收集成绩登记表，并将其交给总裁判。在指定位置张贴比赛成绩。每次比赛需要1~2人。

（6）比赛文案助理。

协助裁判的文案工作：运动员和教练员签到，分发教练员信息和其他比赛相关文件。每次比赛需要1~2人。

（7）比赛场地助理。

协助场地工作人员布置桌椅、计时设备和便携式遮阳篷等。

（8）颁奖助理。

负责准备比赛名称标签、奖状和奖品，并按照参加比赛的不同团队进行排序和发放。

（五）游泳场馆的政策

由于美国游泳协会规定，不允许家长在泳池岸边停留。许多家长会因为驾驶距离较远，在孩子学习游泳的这段时间里，家长只能选择留下等待。俱乐部允许家长在指定区域（免费无线网络）或在看台上观看等候。

教练员在教学和训练实践中承担泳池区域的安全责任。在教学实践中被允许在泳池岸边的父母，是因为有特殊的责任和安全问题（年龄或残疾运动员），若是非美国游泳协会会员则有更严格的保险要求。

（六）青少年游泳俱乐部全年比赛计划（2017—2018年）

美国某游泳俱乐部的全年比赛计划于每年的9月份在其网站公布。俱乐部的赛季从9月份一直持续到次年的6月份，每年平均比赛次数超过20次。这些比赛针对不同年龄和水平的运动员，而且比赛的举办地也不局限于本地区或本州。因此，教练员、家长和运动员会根据自己的实际情况有选择地参加。很多比赛都专门备注了参赛的具体年龄或成绩的要求。从参赛计划可以看出，教练员有绝对的参赛选择权，为运动员选择适当的比赛次数和适宜水平的比赛，既可以激励他们训练的积极性，也可以保护他们的自信心，这些都是鼓励运动员坚持训练的动力源泉。

思考题：

1. 结合国内外年龄组游泳运动员培养现状，谈谈你对游泳运动员长期发展规划的理解。

2. 参考澳大利亚各训练阶段的划分和任务，谈谈你都经历过哪些训练阶段，有哪些印象深刻的经验和教训。

3. 如果你是一个游泳俱乐部的管理者，如何对家长群体进行管理和培训？

第二章 7~10岁儿童（1~4年级）游泳基本技术教学

章前导读：

本章提供了游泳基本技术教学、优秀运动员技术动作模型和训练方法等内容。其中，在7~10岁基本技术训练中包括了每个年龄段的动作重点、难点和技术动作评价；基本技术教学指导纲要所提供的教学手段和教学进度指导具有实践性和可操作性强的特点（详见配套视频）。游泳教学部分介绍的熟悉水性与技术动作教学分离的方法，对于贯彻快乐游泳、普及游泳技术和自救技术有积极的作用。

第一节 四种姿势技术动作介绍

一、蝶泳技术

（1）身体的平衡与身体位置：蝶泳的发力和节奏来自躯干，通过臀部和胸部的上下相对位置变化形成波浪起伏。身体起伏对于产生推进力和整个技术配合的掌握都是有帮助的，波浪起伏控制在水面上下相对狭窄的范围内，可以有效地减少游进阻力，避免出现"下潜和上浮"。

当两手在头前入水时，胸部下压向前滑动的同时臀部上抬。此时的头部和肩部都要维持在水面附近，手内划水时身体较平。在划水动作的后半部，上半身上抬，腰腹部发力带动腿下打，此时腹部处于水中最深的位置。

两次打腿的轻重对于平衡身体位置是非常重要的。强有力的打腿需要大肌群的参与，重打腿获得推进力的同时，也会由于身体位置的倾斜而加大阻力，轻打腿推进力小、阻力小，能量消耗也小。第一次腿重打，早打可以使由于呼吸动作引起的身体位置的改变尽快地复原。打腿采用第一次重、第二次轻，或第一次轻、第二次重，或是均匀打腿，都要根据个人特点和比赛距离而定。

（2）头部位置与呼吸：头部"领导"整个动作。当上半身在最高点时前伸下巴换气，下巴紧贴水面或在水中，头、颈、背要保持一条直线。移臂过肩时，眼睛向下看池底。头部与脊柱的运动轨迹始终保持同步。很多运动员采用两次或多次划手一次吸气，也是尽量减少由于呼吸引起的身体位置变化而增加的阻力。尽管侧呼吸技术被更多的运动员采用，但侧呼吸技术也是因人而异的。

（3）腿部动作：蝶泳打腿就像海豚在水中的动作，两腿同时上下摆动。由胸部开始发力，带动腰、臀、大腿、小腿直到脚尖形成波浪动作。打腿的幅度和加速度很重要，可以增加打腿的推进力。下打后要及时上抬，形成连贯的波浪运动可以尽快地恢复平衡，减少阻力。

（4）手臂动作：两手在肩沿线最远点入水，前臂内旋，掌心向下，中指入水。轻、快地入水，可以有效减少入水时的波浪阻力并提高入水与抱水动作的衔接。入水后，两手先向外划水，接着向内，形成高肘抱水，划水轨迹呈弧形，直到两手相距最近时结束内划，开始向后、向外、向上推水，在臀部附近小指领先切出水面。

（5）移臂：移臂低平，靠近水面。小指领先出水，直到入水前的最后一刻，前臂外展，手腕翻转，掌心朝向水面，中指向下入水。

（6）配合时机：手入水时压胸伸肩，第一次打腿。加速推水时打第二次腿，产生合力。每两次动作呼吸一次，保持身体位置和节奏。

二、仰泳技术

（1）身体的流线型和平衡：转动和平衡是仰泳技术中的关键环节。围绕身体纵轴的转动，减少形状阻力的同时可以动员更多的肌群形成合力，增大推进力。头部与躯干成直线，下颌微收，水平面在耳朵附近。臀部和腿在水中保持较高的位置，形成良好的流线型和身体平衡。以髋部为发力点带动躯干整体转动，核心力量加大了推进力。在身体转动的过程中，头部始终保持稳定。

（2）腿部动作：鞭状打水，打腿幅度比爬泳腿稍大，直腿绷脚下压，大腿带动小腿，屈膝上踢，上踢要充分。整个打腿动作是伴随着身体转动完成的，这一点在运用和设计技术训练的时候很重要。

（3）手臂动作：手臂随着躯干转动，肩部充分伸展，在肩的延长线入水，入水时小指领先、入水轻、快。手入水要有一定的深度，抱水和上划阶段屈臂，肘部垂直于池底，手指朝外，手掌心对准脚跟方向，形成最大的对水面。这时手处于相对较浅、离身体较近的位置，向同侧脚跟方向推水，肩部先出水。

移臂出水时以大拇指领先。直臂移臂并在垂直面内进行，当手臂与水面垂直时内旋，转至小指领先直至入水。移臂时利用躯干转动拉开肩带肌群使手臂更加伸展。移臂要高，入水点要远、积极、连贯圆滑。

（4）配合与呼吸：加速推水时同侧腿侧踢，同侧臂出水和对侧手入水交替完成。应建立有节奏的呼吸模式，通常是在一个手臂入水时吸气，另一个手臂入水时呼气。

三、蛙泳技术

（1）身体的流线型和平衡：在整个动作周期中，调整头部动作，使臀部始终保持较高的位置，在开始和结束动作时，手和脚后跟接近水面并保持身体的流线型。通过减少身体的形状阻力和波浪阻力来实现阻力的最小化。

（2）头部的位置与呼吸：内划使身体产生很小的迎角，运动员就像在"爬山"。手内划阶段结束时，头部和肩部自然上升。头部是脊柱的延伸，头、颈、背成直线，下颌微收，眼睛看水面。蹬腿和伸臂过程中，使身体重心前移，把支撑点或胸部尽量向前下方压，运动员有"下山"的感觉。

（3）腿部动作：内"八"字脚收腿，将两脚后跟收至臀部外侧，水面附近，两脚掌外翻，足尖指向两侧，形成最大的对水面。蹬腿时小腿围绕膝关节旋转的同时展髋，充分利用大肌群快速发力。蹬水的最后阶段脚掌以踝关节内收完成加速甩动，此时两腿夹紧，两脚大脚趾贴近上抬至水面开始滑行，保持流线型。通过"向外，向后，向内、上抬"，完成整个腿部动作的轨迹。蹬腿的宽度因人而异，阻力与推进力的得失衡量是选择蹬腿宽度的重要原因。

（4）手臂动作：

①外划：手臂充分伸展，大拇指朝下掌心向外划至最宽处时，小指接近

水面。

②内划：高肘抱水，在这一点上开始，手掌、前臂撑住水，两臂向内朝身体中线加速内划，动作应是圆滑的，不能有停顿。由加速内划产生的巨大升力有助于在吸气和前伸的过程中使肩部抬出水面。

③前伸：前伸时手的速度是从前一个阶段加速内划的过程中获得的。前伸的动作必须轻、快，前伸时手臂应尽量靠近，肩部充分伸展以保持流线型。

（5）配合与呼吸：无论是划臂还是蹬腿，在其中一部分产生推进力时另一部分应尽可能保持好流线型。动作顺序是："蹬腿，滑行，划手。"呼吸是在划臂与蹬腿的身体起伏过程中完成的，要尽量减少身体上下起伏的幅度。

四、爬泳技术

（1）身体姿势及位置：在充分围绕长轴转动中保持流线型、平衡和直线。从一侧尽量快地滑动到另一侧，保持一侧肩和髋露出水面。下颌微收，颈部自然伸直，头部与躯干成一条直线，水平面在头顶中央，可以提升腿部位置。呼吸与身体转动保持一致，充分利用核心力量增加推进力和减少阻力。

（2）腿部动作：由臀部开始发力直腿上抬，大腿带动小腿，脚腕放松形成鞭状打腿。整个打腿动作应该保持连续和稳定。由于身体转动幅度的加大，大部分的打腿是在侧向时完成的而不是在平卧时，所以打腿练习的设计应该包括侧向打腿的内容。

（3）手臂动作：入水时要有控制，掌心向下，在肩沿线最远端由中指领先插入水中保持高肘，手腕微屈。入水后积极抓水，然后指尖指向池底，形成高肘抱水，转髋加速向后划水，此时，对侧髋和肩贴近水面。当身体转动到另一侧时，肘关节靠近身体，前臂和手顺势推水，然后提肘移臂，移臂时要放松。在整个划水过程中应尽量延长加速划水的距离。

（4）配合与呼吸：最大限度地利用核心力量，划臂、打腿和躯干转动的配合是至关重要的。躯干的转动，提高了划水的速度，从而加大了推进力。在转动过程中呼吸，呼吸的动作幅度越小越好，形成一只眼睛半张嘴的"隐藏呼吸"动作。首先要熟练掌握两侧呼吸的技术，在此基础之上，为了充分使用核心力量和观察对手可以选择持续的单侧呼吸技术。

第二节 7～10岁儿童四式技术动作教学重点、难点与评价

一、蝶泳技术教学指导要点

(一) 7～8岁蝶泳技术动作教学重点、难点与评价（表2-2-1）

表 2-2-1　7~8岁蝶泳技术动作教学重点、难点与评价

		身体姿势及位置	腿部动作	臂部动作	配合
教学重点		躯干的波浪动作	腰部发力，节奏明显	①掌心朝下，中指切入水 ②出水和移臂，小指朝上	手和腿的配合时机
教学难点		腰腹发力，以腰带腿	直腿上抬动作	①移臂时手臂伸直，沿水面前移 ②抱水、划水、推水移臂动作圆滑	空中移臂将至与肩平行时，头部位置下降，手臂加速前移，与头同时入水
技术评定参考	良好	①头和躯干在水面附近移动，臀部略高出水面，游时呈波浪状 ②身体位置较平	①以腰带动大腿、小腿，做上下鞭状打水动作 ②下打同时做提臀伸肩动作 ③大、小腿协调用力，有鞭状动作	①肩部前伸，沿水面向前移臂 ②两上臂靠耳朵入水 ③双手同时前伸和向后划水	①身体要平 ②头、手、腿和腰协调配合
技术评定参考	具备其中一条为一般，具备两条或两条以上为差	①上身起伏过大 ②腰臀部僵直，无波浪动作	①腿部发力，无波浪 ②屈髋、屈膝打腿 ③两脚分开、不对称	①双手动作不对称、移臂弯曲（拥抱式移臂） ②划水路线短，手出水过早	①手、腿配合有错误 ②吸气后低头过早或过迟 ③一次腿或不完全的两次腿

（二）9～10岁蝶泳技术动作教学重点、难点与评价（表2-2-2）

表 2-2-2　9~10岁蝶泳技术动作教学重点、难点与评价

		身体姿势及位置	腿部动作	臂部动作	配合
教学重点		游进中起伏小，身体位置高	①加速下打，同时做提臀伸肩动作 ②侧向蝶泳腿技术 ③脚背对水方向 ④打腿节奏明显	①入水双臂前伸，打开腋窝，肩靠近耳朵 ②水下的划水路线和加速度	①手、腿、腰协同用力 ②第二次腿重打、手借腰力 ③短距离快速游技术
教学难点		①伸肩提臀，身体前跃，肩膀在水面附近 ②减小游进时身体的形状阻力	①向前下方压胸、提臀、下打 ②下打后及时上抬	①伸肩和抱水动作衔接紧凑 ②入水动作轻、快	①手与腿配合节奏 ②呼吸时头、颈、背呈直线，目视斜下方水面，视线与水平面成45度夹角
技术评定参考	良好	①身体要平，腰腿动作协调，臀部略高出水面 ②头部略向前下，躯干和两腿上下起伏呈波浪状	①腰发力，大小腿协调用力 ②打腿、提臀、伸肩，熟练自如 ③动作实效好	①双手同时屈臂向后划水，划水路线正确，加速明显 ②移臂轻松自然	手、腿配合时机准确协调，节奏明显
	具备其中一条为一般，具备两条或两条以上为差	①波浪动作不明显、不连贯 ②身体上下起伏过大 ③过度下潜和上浮	①屈膝过大 ②臀部始终未露出水面 ③加速和节奏均不明显	①拖肘划水 ②划水路线短 ③加速不明显 ④入水点过宽	①第二次打腿不到位 ②呼吸时上体抬起过高

二、仰泳技术教学指导要点

（一）7~8岁仰泳技术动作教学重点、难点与评价（表2-2-3）

表2-2-3　7~8岁仰泳技术动作教学重点、难点与评价

		身体姿势及位置	腿部动作	臂部动作	配合
教学重点		①身体姿势平直 ②头保持稳定	大腿带动小腿，有鞭状上踢动作	①直臂移臂，肩靠近耳朵入水 ②小指入水，大拇指出水	手、腿动作连贯
教学难点		身体平直，自然伸展	直腿下压动作	①推水、出水动作连贯流畅 ②屈臂划水	手、腿配合动作连贯
技术评定参考	良好	①头和肩部稍高于髋部，颈部肌肉放松 ②水面在耳朵附近，自然平直仰卧水中，成流线型 ③身体平稳	①大腿发力，加速屈腿上踢 ②节奏连贯	小指入水、入水点在肩的延长线上	①打腿和划水配合协调 ②一臂入水吸气，另一臂出水呼气
	具备其中一条为一般，具备两条或两条以上为差	①身体扭动，坐姿 ②身体上下起伏、晃动 ③身体倾斜，腿下沉	①蹬"自行车腿"，膝关节弯曲出水 ②大腿不动，小腿下沉 ③打腿幅度过小	①移臂弯曲 ②划水路线短、浅 ③直臂划水 ④划水时"躲水"	入水后和出水前有停顿

（二）9~10岁仰泳技术动作教学重点、难点与评价（表2-2-4）

表2-2-4　9~10岁仰泳技术动作教学重点、难点与评价

		身体姿势及位置	腿部动作	臂部动作	配合
教学重点		头部稳定，身体的整体转动	①大腿用力，大脚拇趾稍向内，脚背对水，加速踢水 ②随身体转动的侧向踢水技术 ③水下反海豚腿技术 ④水下反海豚腿与仰泳腿的衔接技术	①入水有一定的深度，躯干转动，对侧肩露出水面 ②手入水后，抓水迅速，对侧手加速推水 ③曲线划水 ④移臂伸肩	①身体沿纵轴转动 ②躯干整体转动，配合协调。手推水发力时，同侧腿侧向上踢和对侧手加速入水 ③短距离快速游技术
教学难点		躯干沿纵轴转动，在游进中保持身体呈直线状	①直腿下压和充分地上踢至伸直 ②侧向打腿时保持身体充分伸展	①转髋提肩出水 ②划水路线正确	①在游进中手腿的动作不能影响高、平、直的身体姿势，转动要自然 ②手、腿配合连贯
技术评定参考	良好	①下颌微收，自然平直仰卧水中，头和肩部稍高于髋部 ②躯干保持平直，沿纵轴有节奏地转动	①以髋关节为支点，大腿发力，带动小腿侧向踢水 ②踢水加速，用力到大脚趾，绷脚直腿下压 ③节奏正确，频率快	①手臂随躯干转动，始终保持一个肩在水面 ②抓水深，屈臂在身体的下侧方划水，加速明显 ③动作连贯，划水路线正确	①躯干自然伸展，转动充分 ②划水与打腿协调配合，手借腿力
	具备其中一条为一般，具备两条或两条以上为差	①头部晃动 ②肩、髋横向摆动 ③身体下沉	①大腿下压不足，上踢不充分 ②膝关节露出水面	①入水点过宽或过窄，拍打入水 ②双肩浸入水中 ③划水浅，划水路线不正确	手腿不协调，有停顿

三、蛙泳技术教学指导要点

（一）7~8岁蛙泳技术动作教学重点、难点与评价（表2-2-5）

表2-2-5　7~8岁蛙泳技术动作教学重点、难点与评价

<table>
<tr><td colspan="2"></td><td>身体姿势及位置</td><td>腿部动作</td><td>臂部动作</td><td>配合</td></tr>
<tr><td colspan="2">教学重点</td><td>身体位置平稳</td><td>①流线型收腿
②收腿结束时脚后跟靠近臀部
③小腿和脚内侧对水</td><td>①沿水面直臂外划，内划夹水肘前伸。手臂成流线型
②划水过程中，前臂和手掌对水</td><td>手、腿的配合时机。蹬腿结束→短暂滑行→开始划手</td></tr>
<tr><td colspan="2">教学难点</td><td>身体的流线型</td><td>①脚掌外翻弧形蹬夹水
②蹬腿结束后双腿并拢滑行</td><td>划水动作节奏</td><td>①呼吸与上体的配合。内划加速身体上升，头部处于最高位置时换气
②减少头部上下起伏</td></tr>
<tr><td rowspan="2">技术评定参考</td><td>良好</td><td>①臂和腿的所有动作应始终同时和对称，并在同一水平面上进行
②臀部位置较高</td><td>①膝关节同肩宽，翻脚动作清楚，呈"W"形
②蹬夹水有力，快速并拢</td><td>①前臂内旋，大拇指向下外划
②两臂向外后方抓水，高肘抱水，转入内划，借助惯性，伸肘伸肩，手臂伸直并拢</td><td>手腿配合动作时机正确，蹬腿→滑行→划手</td></tr>
<tr><td>具备其中一条为一般，具备两条或两条以上为差</td><td>①身体位置倾斜
②呼吸时头部和臀部上下起伏和摆动</td><td>①收腿时小腿外展，两膝过宽
②蹬水方向向下
③大腿收腿过多，过猛</td><td>①划手动作过大、摸水、划水向后过肩
②内划无加速
③前伸不充分</td><td>①手腿动作同时进行
②腿未并拢即开始划手，无滑行</td></tr>
</table>

（二）9～10岁蛙泳技术动作教学重点、难点与评价（表2-2-6）

表 2-2-6　9~10岁蛙泳技术动作教学重点、难点与评价

		身体姿势及位置	腿部动作	臂部动作	配合
教学重点		①身体位置平、高 ②开始和结束动作保持流线型	①蹬夹水时对水面积大，蹬水结束两腿并拢，大脚趾相对 ②蹬水加速，把力用到大脚趾尖，并通过躯干传导到手	①外划放松，内划夹水有明显加速，前伸快速有力 ②出发和转身后的长划臂技术	①减阻式配合。前伸肘未完全伸直时，开始加速蹬腿 ②内划加速，上体上升换气，头、颈、背成直线，眼睛看水面 ③手臂前伸带动身体前抛，沿水面滑行，眼睛看池底 ④短距离快速游技术
教学难点		①呼吸时头部与躯干保持一致 ②游进时起伏小	①收腿充分，蹬夹路线长 ②弧型加速蹬夹水	内划和前伸动作连贯	①手臂前伸和腿蹬夹的协同用力 ②身体一部分产生推进力时另一部分应尽可能保持流线型 ③浮力与平衡
技术评定参考	良好	①重心稳定 ②身体位置高、平	①收腿和翻脚动作连贯，腰与大腿发力，展髋伸膝做快速而有力的弧形蹬夹水动作 ②蹬夹结束动作流线型好（并拢、伸直），并上抬至水面	高肘抱水，内划夹水和前伸动作连贯、快速有力	呼吸随身体起伏完成
	具备其中一条为一般，具备两条或两条以上为差	①身体姿势未成流线型 ②游进时身体上下起伏	①小腿未收至与水面垂直 ②蹬夹水无加速 ③结束动作流线型不好	①内划和前伸无加速 ②肘关节靠近肋部，手在胸前有停顿 ③前伸位置深，外划前未恢复到水面	①没有明显滑行 ②内划阶段收腿 ③手、腿配合脱节

四、爬泳技术教学指导要点

（一）7~8岁爬泳技术动作教学重点、难点与评价（表2-2-7）

表2-2-7　7~8岁爬泳技术动作教学重点、难点与评价

		身体姿势及位置	腿部动作	臂部动作	配合 手、腿、呼吸
教学重点		躯干直、平，伸展，保持一定的紧张度	①大肌肉群发力，鞭状打腿 ②直腿上抬 ③打腿小、密、快、狠	①高肘移臂 ②高肘前伸插入水，肩部靠近耳朵 ③在身体下方屈臂划水	①双侧吸气技术 ②划手与呼吸的配合
教学难点		游进中保持身体呈一条直线	展髋及鞭状打腿	①在肩沿线的最远端食指领先插入水中 ②推水、出水动作连贯 ③划水路线长	呼吸与身体转动的整体性
技术评定参考	良好	身体直、平、伸展，不依靠打腿就能够保持较高的身体位置	①大腿发力，鞭状加速打水，上抬时脚后跟露出水面 ②打腿小、密、快、狠	动作外形基本正确	①身体转动与平衡 ②划水与呼吸的配合动作协调
	具备其中一条为一般，具备两条或两条以上为差	①头部晃动，过分地抬头或低头 ②身体上下起伏及扭动	①屈髋，屈膝，勾脚打腿 ②水面打腿	①肘先入水，拍入水中 ②入水靠外或过中线或在头部附近入水，划水路线短	①仅会单侧呼吸 ②在配合中，腿部动作不连贯，有停顿

（二）9～10岁爬泳技术动作教学重点、难点与评价（表2-2-8）

表2-2-8　9~10岁爬泳技术动作教学重点、难点与评价

		身体姿势及位置	腿部动作	臂部动作	配合
教学重点		身体沿纵轴直线转动	①变速和加速时的打腿技术 ②侧向打腿技术 ③水下海豚腿与自由泳腿的衔接技术	①入水和抓水的连接，早抓水 ②高肘抱水和划水加速 ③使用核心力量，手借腿力	①一手入水前伸打开腋窝，另一手加速划水用力打腿 ②呼吸时露出一只泳镜半张嘴 ③躯干发力，手腿协调配合有节奏 ④短距离快速游技术
教学难点		转动中保持身体平直	转动过程中打腿的连贯性与节奏	①手臂入水后迅速抓水 ②高肘抱水动作	①划手、呼吸动作与躯干转动得协调一致 ②当一只手入水时，对侧肩和髋应该向上翻转，露出水面
技术评定参考	良好	①身体直、平，自然伸展 ②在躯干转动中，头保持稳定，目视前下方，头顶处于水平面	打腿深、频率快	①手臂动作连贯，节奏清晰 ②借助躯干的转动，加长划水路线，加速明显	①躯干转动、划水和打腿配合协调 ②持续的单侧呼吸技术
	具备其中一条为一般，具备两条或两条以上为差	①身体上下起伏及扭动 ②身体转动幅度过小 ③身体下沉	小腿或脚腕露出水面	①入水、划水有明显停顿，划水无加速 ②过度推水，移臂衔接不连贯	①躯干转动不对称、不连贯 ②呼吸转头幅度过大

第三节 7~10岁儿童游泳基本技术教学训练指导纲要

以下内容可参照游泳基本技术教学训练指导纲要的视频文件进行学习。

一、7岁（一年级）基本技术教学训练阶段第一年

（一）7岁（一年级）基本技术教学训练进度安排

1. 技术教学目标：明确身体姿势的基本概念

（1）身体的平衡，呼吸时身体起伏小。

（2）身体平直，流线型好。

（3）头部的动作稳定，减少身体起伏和扭动。

2. 陆上身体姿势训练（表2-3-1）

表2-3-1 陆上身体姿势训练

序号	器材	动作	重点
1	徒手	流线型直立，靠墙（静态）	明确身体姿势的基本概念：身体的基本姿势，流线型和身体直线
2		流线型直立，下颚夹球	
3		流线型直立，靠墙逐渐伸展（动态）	
4		俯卧倾斜45度，身体直线练习	
5		仰卧倾斜45度，身体直线练习	
6		流线型直立，脚尖走	行进中（动态）上体保持直线
7		手臂流线型，上体正直，左右弓步交替弓箭步	
8		仰卧、直腿、直臂，摸异侧脚背	
9		身体流线型纵轴直线滚动	
10		俯卧支撑。直臂与肩垂直	

3. 水上练习（表2-3-2）

表2-3-2 水上练习

序号	泳姿	器材	动作名称	重点
1	爬泳	"A"字板	扶板爬泳腿	打腿的技巧和动作节奏
2		"A"字板	持板流线型爬泳腿	身体的流线型和直线
3		"A"字板	持板侧向呼吸爬泳腿	呼吸动作
4		"A"字板	持板单臂划手	入水点，划手的幅度
5			单臂划手+配合（左臂3右臂3两臂交替3）	两侧呼吸及手、腿、呼吸配合技术
6		脚蹼	蛙手+爬腿	身体平衡，呼吸动作，呼吸与打腿的配合
7	仰泳	水瓶（1/2瓶水）	顶瓶仰漂（手置体侧，静态）	头部稳定，身体放松
8		"A"字板	持板仰泳腿	仰泳身体的流线型及打腿技巧
9			流线型仰泳腿	身体的线型、打腿技巧、踢水加速
10			90度屈肘仰泳腿	打腿时身体保持直线
11			单臂划水	入水、划手幅度
12			仰泳分解（手置头前）	手掌、小臂对水，手、腿配合
13	蛙泳	"A"字板	扶板蛙泳腿	蛙泳腿动作概念
14		"A"字板	持板流线型蛙泳腿	呼吸动作、身体流线型、蹬水路线
15			反蛙泳腿	蹬水加速及结束时的流线型
16			蛙泳分解（1手2腿）	滑行
17			蛙泳分解（1手多腿）	头部动作幅度，身体平衡
18	蝶泳		双手体侧蝶泳腿	身体波浪动作
19		"A"字板	持板蝶泳腿（呼吸）	躯干和腿部波浪动作
20		"A"字板 脚蹼	扶板蝶泳腿	腿部鞭状动作和节奏

（二）教学训练指导

1. 身体姿势

陆上身体姿势练习的重点：身体要呈一条直线。

①流线型直立，下颚夹球。

动作要求：两臂向上伸直，夹于耳朵后方，下颚微收夹住球，提气收腹，两腿并拢站直。

②流线型直立，靠墙逐渐伸展（动态）。

动作要求：两臂向上伸直，夹于耳朵后方，提气收腹，两腿并拢站直，靠墙站立时，手、肩、腰、臀尽量都要靠着墙。

③俯卧倾斜45度身体直线练习。

动作要求：身体成直线，臀部夹紧，腿伸直，肘关节撑于地面与肩同宽。

④仰卧倾斜45度身体直线练习。

动作要求：身体成直线，臀部夹紧，腿伸直，肘关节撑于地面与肩同宽。

⑤流线型直立，脚尖走。

动作要求：两臂向上伸直，夹于耳朵后方，身体成直线，提气收腹，行走时上身稳定，目视前方。

⑥流线型直立，弓箭步行进。

动作要求：两臂向上伸直，夹于耳朵后方，一腿前迈，膝盖弯曲90度，起身站直，然后换另一条腿，交替进行，行走时上身稳定，目视前方。

2. 水上训练

（1）爬泳练习的重点：身体的流线型、打腿技巧。

①持板流线型爬泳腿（呼吸）。

动作要求：两手伸直握住板的前端，收腹提气，双腿伸直，上下交替打腿。

动作重点：保持身体的流线型和直线，打腿的技巧和节奏。

②徒手打腿。

动作要求：两手夹头，手臂伸直，收腹提气，上下交替打腿。

动作重点：注意身体的流线型，以及打腿的幅度和节奏。

③持板单臂划手。

动作要求：一只手持板的后端，另一只手单臂划水。

动作重点：入水点，划手的幅度。

④持板侧向爬泳腿。

动作要求：一只手持板的后端，另一只手置于体侧，转肩、转头侧向呼吸。

动作重点：收下颌，转肩、转头吸气，不能先抬头再转头。

⑤单臂划手+配合（3左3右3双）。

动作要求：3次左手，3次右手，3次配合。

动作重点：呼吸与两面呼吸、分解与配合之间的转换。

⑥蛙手+爬腿。

动作要求：6～12次打腿加1次蛙泳划手加呼吸。

动作重点：蛙泳划手时上体位置的控制。头、颈、背成直线，呼吸时爬泳腿不能有停顿。

（2）仰泳练习的重点：身体姿势、头部的稳定、打腿技巧。

①仰漂（静漂）。

动作要求：四肢张开平躺于水中。

动作重点：人要放松，平躺于水面。

②持板仰泳腿。

动作要求：双手抓住板的后部伸直夹于头后，也可以持板放在大腿位置，保持身体的流线型与直线。

动作重点：头部位置稳定，臀部夹紧，打开髋关节，直腿下压。持板放于大腿位置时，膝盖不能顶到板。

③流线型仰泳腿。

动作要求：双手伸直夹于头后，保持身体的流线型和直线。

动作重点：头部稳定，臀部夹紧，直腿下压。

④90度屈肘仰泳腿。

动作要求：手臂弯曲90度，上臂贴于身体，指尖向上，臀部夹紧头放平。

动作重点：身体平直，髋关节打开，前臂露出水面越多越好，上踢加速。

说明：此练习的目的是建立身体基本姿势的概念。在练习的过程中，运动员可以依据手臂露出的多少进行自我调整。

⑤单臂划水。

动作要求：一臂前伸贴于耳旁，另一只手开始做单臂划水练习。

动作重点：入水时上臂贴于耳朵，另一臂在移臂时肘关节伸直，臀部夹紧，始终保持连贯的打腿动作。

⑥仰泳分解（手置头前）。

动作要求：一臂划完置于头前，换另一臂划水。

动作重点：直臂移臂，要注意入水手型、划水幅度和手出水的速度。

（3）蛙泳练习的重点：身体的流线型、呼吸动作、蹬水路线。

①扶板蛙泳腿。

动作要求：两手伸直持板的前端，蛙泳腿收、翻、蹬、夹4个环节动作准确。

动作重点：收腿时不能塌腰，脚跟尽量靠近臀部，蹬腿结束时大腿夹紧。

②流线型持板蛙泳腿（呼吸）。

动作要求：两手伸直持板的末端，头没入水中，注意收、翻、蹬、夹4个环节的节奏，抬头吸气时收腹提气。

动作重点：蹬夹结束后要有短暂的滑行。

③持瓶（管棒）蛙泳腿。

动作要求：两臂前伸，双手横握矿泉水空瓶（管棒），保持动态的流线型。

动作重点：流线型，蹬腿加速与节奏。

④反蛙泳腿。

动作要求：手背贴于臀部（或前伸成流线型），收腿时脚后跟碰到掌心，身体平直，收腿时大腿不露出水面。

动作重点：小腿和脚对准水，蹬水加速及结束时的流线型。

⑤1手2腿。

动作要求：1次蛙泳手2次蛙泳腿，手臂充分前伸成流线型。吸气时头、颈、背成直线。

动作重点：内划加速，每个动作周期结束要有滑行。

⑥1手多腿。

动作要求：1次蛙泳手加多次蛙泳腿，蹬腿时两臂充分伸展保持流线型。

动作重点：滑行和伸展。

（4）蝶泳练习的重点：躯干波浪和打腿技巧。

①双手置体侧蝶泳腿。

动作要求：两手伸直放于体侧，由头部引导做躯干波浪动作。

动作重点：头的位置放平，躯干波浪动作连贯。

②持板蝶泳腿（呼吸）。

动作要求：两臂充分前伸，肩膀放松打开腋窝，吸气时注意收腹提气，不要塌腰。

动作重点：呼吸时头部动作起伏小。臀部一定要露出水面，下打后及时上抬，打腿连贯。

③扶板蝶泳腿。

动作要求：两手持板的前端，手臂充分前伸，手不要往下压板。

动作重点：打腿动作连贯，节奏正确。

二、8岁（二年级）基本技术教学训练阶段第二年

（一）8岁（二年级）基本技术教学训练进度安排

1. 技术教学目标：在游进中维持身体平衡、直线和流线型

（1）长轴泳式（爬、仰），呼吸动作随身体的转动完成，转动时身体呈直线。

（2）短轴泳式（蝶、蛙），呼吸时头、颈、背呈直线，呼吸时失去的身体平衡要尽快恢复。

（3）学习手、腿动作协同发力的技巧，掌握正确的动作节奏。

2. 身体基本姿势练习

即水中"XYI"练习（表2-3-3）。

表 2-3-3　身体基本姿势练习

序号	泳式	器材	动作名称	重点
1		"A"字板和呼吸管	"X"练习（静态）	颈、腰直线
2		"A"字板和呼吸管	"Y"练习（静态）	颈、肩、腰、髋直线
3		"A"字板和呼吸管	"I"练习（静态）	手、头、颈、肩、腰、髋、踝直线
4		"A"字板和呼吸管	XYI，IXY（动态）	动态中保持身体直线

3. 水中练习（表2-3-4）

表 2-3-4　水中练习

序号	泳式	器材	动作名称	重点
1	爬泳	呼吸管	流线型爬泳腿	流线型、打腿加速、直腿上抬
2		管棒	持棒爬泳腿	流线型
3		呼吸管	躯干转动爬泳腿（手置体侧，12~16次腿换一边）	身体转动直线
4			侧向转动90度爬泳腿（一手体侧，一手前伸，12~16次腿转动呼吸）	身体转动直线
5		呼吸管	入水手型爬泳腿（双手前伸+打腿）	入水动作概念
6		呼吸管	抱水手型爬泳腿（双手抱水+打腿）	抱水动作概念
7			爬泳分解，4点移臂	移臂动作概念
8			爬泳分解，90度转肩（一手前伸，一手肩上举，12~16次腿换一边）	打腿加速与躯干转动的配合
9		呼吸管	爬泳分解（入水点练习）	高肘入水、入水手型
10		管棒	持棒爬泳	单侧呼吸、身体转动、核心力量与划水加速
11	仰泳		流线型仰泳腿	体能
12		管棒	持棒仰泳腿	身体姿势、打腿技巧
13		水瓶（1/2瓶水）	顶瓶流线型仰泳腿	身体平直、踢水加速
14		水瓶1/2瓶水	仰漂（静态）10秒后打腿	由静到动时身体姿势的保持

(续表)

序号	泳式	器材	动作名称	重点
15		脚蹼	90度举手仰泳腿	身体平直、踢水加速
16		管棒和脚蹼	90度举棒仰泳腿	身体姿势
17			手置体侧，45度转动仰泳腿（6~12次腿换一边）	身体转动的直线，侧向踢水
18			180度转动换臂仰泳腿（一手前伸，一手体侧）	入水、出水、躯干转动、手腿配合
19			流线型4个方向打腿（仰卧、侧卧、俯卧、侧卧）	转动时身体的直线、大腿后伸
20		可选用脚蹼	反海豚腿（手置体侧）	反海豚腿动作概念
21		可选用脚蹼	反海豚腿（流线型）	上体稳定、波浪动作逐步加大
22	蛙泳	管棒、呼吸管	持棒蛙泳腿	蹬水加速、蹬水结束时的流线型
23		呼吸管	手置体侧蛙泳腿	收腿、动作节奏
24		陆上	蛙手模仿，头部动作	划手呼吸配合
25		半陆半水	蛙手与呼吸的配合	手臂流线型、划水路线
26		水中站立、行进	蛙手与呼吸的配合	晚呼吸、动作节奏
27			分解游（1手3腿、1手2腿、1手1腿）	手腿配合、滑行
28			蛙手+蝶泳腿（1手4腿）	呼吸动作，划水加速
29	蝶泳		入水手型蝶泳腿	手入水的动作概念
30		小"A"字板	垂直蝶泳腿（抱板）	加速前踢
31			垂直蝶泳腿（抱胸）	大腿后伸、加速前踢
32			蝶泳分解（左臂2右臂2）	手腿配合时机
33			蝶泳分解（左臂2右臂2双臂1）	呼吸与手的配合

（二）教学训练指导

1. 水中身体姿势练习的重点

水中身体直线概念的建立。

（1）水中身体直线的调整。

俯卧，打水板置于腹下。两臂前伸，两腿并拢伸直，保持流线型，教练员依次调整运动员的腰和颈部。

（2）水中"X"练习。

俯卧，打水板置于腹下。手臂和双腿沿着水面往两侧打开成字母"X"状，教练员依次打开运动员的肩关节和髋关节。

（3）水中"Y"练习。

俯卧，打水板置于腹下。手背贴着水面向两侧45度打开，两腿并拢伸直（手成"Y"状）。两臂前伸夹头，两腿伸直脚掌心贴水面向两侧45度打开（脚成"Y"状）。

（4）水中"I"练习。

俯卧，打水板置于腹下。手伸直置于头前，腿伸直并拢，身体成流线型，手指、头、颈、肩、背、腰、腿、脚跟成直线，与水面平行。

（5）水中"XYI"练习（动态）。

水中变换动作依次呈X、Y、I状，动作缓慢，身体保持直线和稳定。

（6）水中身体直线测试。

①俯卧，打水板置于腹下，一臂前伸，一臂置于体侧。

评价标准：压头脚动，压手脚动。

②俯卧，打水板置于腹下，身体成流线型。

评价标准：压手脚动。

2. 水上训练

（1）爬泳练习的重点。

打腿效果（下打加速、直腿上抬），身体转动与空中移臂和入水。

①徒手流线型打腿（戴呼吸管）。

动作要求：戴呼吸管，两臂前伸夹头后，收腹提气，臀部夹紧，注意打腿节奏。

动作重点：保持流线型，注意打腿的技巧与节奏。

②持棒爬泳腿。

动作要求：两臂前伸，双手握棒，身体保持一定的紧张度、伸展、直线，肩膀放松前伸。

动作重点：流线型，打腿的技巧与节奏。

③手置体侧躯干转动爬泳腿（戴呼吸管）。

动作要求：戴呼吸管，手放置于身体两侧做身体转动打腿，一侧打腿12次转向另一侧。

动作重点：头部稳定，身体直线转动，转动幅度尽量大。

④侧向90度打腿。

动作要求：一臂前伸贴于耳朵，另一臂贴于体侧，侧向90度打腿，眼睛始终看池底，头部稳定，一侧打腿12次转动换另一侧。

动作重点：转动的整体性和直线性，身体尽量伸展。

⑤入水手型打腿（戴呼吸管）。

动作要求：两臂前伸，双手持棒，手腕与前臂成45度的入水手型。

动作重点：打腿连贯，保持流线型。

⑥抱水手型打腿（戴呼吸管）。

动作要求：两臂前伸，双手持棒，前臂成高肘抱水动作，抱水的位置在头的前下方。

动作重点：体会抱水位置，头放平，保持稳定。

⑦4点移臂分解。

动作要求：一手伸直于头前贴于耳朵，另一手高肘移臂，手要依次碰到臀、肩、头，然后入水。

动作重点：在移臂过程中，身体的转动与直线的保持，打腿连贯，入水点要远，移臂4点位置准确、到位。

⑧爬泳90度转肩练习。

动作要求：一手置于头前，另一只手上举与肩垂直，打12次腿换另一侧，打腿加速与身体转动配合。

动作重点：在身体转动时，保持身体姿势的直线与稳定。

⑨入水点练习（可戴呼吸管）。

动作要求：双手置于头前，一手空中反向移臂至肩，再次前伸入水，反复多次。

动作重点：高肘入水，入水手型。

（2）仰泳练习的重点。

游进中身体平直，躯干转动。

①顶瓶流线型打腿。

动作要求：瓶子顶于额头中央，手夹紧于头后，提气、提肋、臀部夹紧。

动作重点：保持头部稳定和身体流线型，注意打腿技巧。

②90度举手打腿（可戴脚蹼）。

动作要求：两臂伸直举出水面垂直于肩，手指指向天花板。

动作重点：打开髋关节，直腿下压，向上踢出水花。

③90度持棒打腿（可戴脚蹼）。

动作要求：两臂伸直持棒举出水面，手臂垂直于肩。

动作重点：身体保持直线，直腿绷脚下压，上踢出水花。

④静漂10秒后起游打腿。

动作要求：瓶子顶于额头中央，双手夹紧于头后，仰卧静漂10秒钟后开始加速打腿。

动作重点：从静态到动态的身体流线型和稳定。

⑤手置体侧90度转动打腿（可戴脚蹼）。

动作要求：两只手贴于大腿两侧，打腿6～12次身体转动90度换向另一侧，连贯打腿。

动作重点：头部稳定，一侧肩与髋露出水面，转动时加大侧踢水的幅度和速度。

⑥手置于体侧45度转动打腿。

动作要求：两手伸直放于体侧，打腿6～12次身体转动45度换向另一侧，连贯打腿。

动作重点：头部稳定，一侧肩与髋露出水面，转动时身体保持直线。

⑦180度转动换臂打腿。

动作要求：一手伸直贴于耳旁，另一手伸直贴于体侧打6～12次腿转体换臂，连贯打腿。

动作重点：两臂交替动作与躯干转动配合协调，转动幅度大。

⑧流线型4个方向打腿。

动作要求：两手置于体侧，由仰卧、侧卧、俯卧、侧卧依次转动，每打腿

6～12次换一个方向。

动作重点：躯干转动的直线，大腿后伸和侧向打腿。

（3）蛙泳练习的重点。

蹬水加速和蹬水结束时的流线型。

①持棒蛙泳腿。

动作要求：双手持棒蹬蛙泳腿，整个身体的后背尽量贴近水面，动作结束时身体成流线型。

动作重点：吸气时躯干不要下沉，加速蹬夹。

②手置体侧蛙泳腿。

动作要求：两臂置于体侧蹬蛙泳腿，上体略微向前倾，蹬腿用力到大脚趾尖。

动作重点：重心前移，加速蹬夹和短暂滑行。

③池边蛙泳划手。

动作要求：站立水中，内划抱水充分，前伸碰池壁。

动作重点：手臂的流线型和动作节奏。

④"3-2-1"配合。

动作要求：3次腿1次手、2次腿1次手、1次腿1次手的配合。

动作重点：充分前伸和滑行。

⑤1次蛙泳手4次蝶泳腿。

动作要求：4次蝶泳腿1次蛙泳手，手借腿力，重心前移。

动作重点：头与呼吸的配合，手臂发力划水加速。

（4）蝶泳练习的重点。

躯干的波浪动作、腿与手的配合。

①入水手型蝶泳腿。

动作要求：流线型水下海豚腿做3～5次，升至水面后手臂前伸，在肩沿线最远点做双入水手型的控制。

动作重点：手臂保持一定的紧张度，手腕弯曲45度，打腿时腰部发力，保持身体的流线型。

②抱板垂直蝶泳腿（小"A"字板）。

动作要求：下巴露出水面，垂直于水中，腰部发力，大腿后伸，小腿和脚背对水前踢。

动作重点：身体与水面垂直，头部稳定不晃动。

③水下海豚腿。

动作要求：水下做10～15米海豚腿，身体保持流线型，充分伸展，头顶的位置朝前，目视池底（注意安全，禁止过度憋气）。

动作重点：打腿节奏小、密、快、狠，有爆发力。

④蝶泳分解（左臂2、右臂2）。

动作要求：2次蝶泳腿1次蝶泳划臂，左手连续2次，然后做2次右手，侧呼吸。

动作重点：划手与腿的配合时机。

⑤蝶泳分解（左臂2、右臂2、双臂1）。

动作要求：在左2右2单臂蝶泳分解后接2次双臂配合。

动作重点：配合技术中手与腿配合时机。

三、9～10岁（三、四年级）基本技术教学训练阶段第三、四年

（一）9～10岁（三、四年级）基本技术教学训练进度安排

1. 技术教学目标：在技术动作细节上符合规范要求

（1）在游进中把核心力量的使用，合力、借力、力的传导、划水加速度的概念融入每一个技术动作中，动作节奏正确。

（2）掌握正确的水下划水技术和技巧，划水加速度的路线长。

（3）强化出发、转身、到边技术。

2. 水感练习（表2-3-5）

表 2-3-5　水感练习

序号	泳式	器材	动作名称	重点
1			横"8"字划手模仿（站立池边、站立水中）	
2			横"8"字划手（仰卧）	手掌小臂对水
3		呼吸管	横"8"字划手（俯卧）	手掌小臂对水
4		呼吸管或徒手	交替蛙手+爬泳腿	小划手，沿水面前伸

3. 水上练习（表2-3-6）

表 2-3-6　水上练习

序号	泳式	器材	动作名称	重点
1	爬泳		90度移臂入水	入水点远
2			爬泳分解（两臂180度交替划水）	呼吸与躯干转动的配合
3			爬泳分解（一臂90度，另一臂270度交替划水）	手借腿力 重心前移
4			爬泳分解（单臂）	单侧呼吸、核心力量、划水加速、手借腿力
5			爬泳分解（左臂2、右臂2、两臂交替2）	两面呼吸，伸展，动作节奏，分解到配合的过渡
6			蹬壁快速打腿+3~5次划臂	快游技术
7	仰泳		反海豚腿（流线型）	头部稳定，身体波浪逐渐加大
8			水下反海豚腿10~15米	注意安全 不宜长时间憋气
9		水瓶（1/2瓶水）	头顶瓶流线型仰泳腿	身体姿势
10		管棒	举棒仰泳腿	身体直线、水加速
11			仰泳分解（两臂180度交替划水）	身体转动、手入水、出水与腿的配合
12			仰泳分解（一臂90度+另一臂270度交替划水）	核心力量、划水加速，手借腿力
13		徒手或脚蹼	仰泳分解（两臂空中交替）	身体直线转动、划水路线、动作节奏

（续表）

序号	泳式	器材	动作名称	重点
14			坐姿收下颌仰泳	快速入水
15	蛙泳		蛙泳分解（1手2腿：1蝶泳腿1蛙泳腿）	躯干发力、划水加速
16			蛙泳分解（1手3腿：1蝶泳腿2蛙泳腿）	蹬腿伸肩，流线型
17			蛙泳分解（2手1呼吸）	无呼吸配合
18			2个蛙泳配合+1腿滑行	手腿配合、流线型
19			蛙手+爬泳腿（可戴呼吸管）	宽划手 划水加速
20	蝶泳		4个方向蝶泳腿，6次打腿换方向	身体转动直线
21		管棒	持棒蝶泳分解（左臂4次右臂4次交替划手）	手入水、手腿配合
22		管棒	持棒蝶泳腿分解（左腿4次、右腿4次、双腿4次）	直腿上抬
23			蛙泳长划臂+蝶腿	划水路线，划水加速、手出水
24		可戴呼吸管	手置体侧，空中移臂+爬泳腿	轻柔入水、低平移臂
25			蝶泳手+爬泳腿	呼吸与手配合，上体起伏小
26			蝶泳分解（1手4腿+滑行）	手腿配合节奏
27			蝶泳分解（1手3腿）	划水加速，第二次手腿配合
28			蝶泳配合（1手2腿）	入水前伸提臀，第一次手腿配合
29			流线型垂直蝶泳腿	大腿后伸，前踢加速
30			蹬底流线型垂直蝶泳腿（连续多次）	踢水频率
31			蹬底流线型垂直蝶泳配合	手腿配合
32			水下海豚腿（10~15米）	注意安全，不宜长时间憋气
33	台上出发		池边坐姿流线型夹头蹬离	入水角度，身体打开后平直（蹬离后的空中姿势）

（续表）

序号	泳式	器材	动作名称	重点
34			池边蹲姿流线型夹头蹬离	移动重心后蹬离、展体和入水角度
35			池边单腿跪姿流线型夹头蹬离	先移动重心，后蹬离
36			池边单腿立姿流线型夹头蹬离	移动重心后蹬离、展体
37			池边立定跳远	蹬出
38			池端池边单腿立姿流线型夹头蹬离	蹬出、空中身体姿势
39			出发台单腿立姿流线型夹头蹬离	蹬出、空中身体姿势
40			出发台蹲踞式出发	完整动作
41	仰泳出发		预备姿势（双臂伸直，眼睛看天花板）	
42			摆臂蹬出（头后仰，眼睛看对岸出发台）	身体反弓形、入水
43			水下反海豚腿	注意安全
44			起游技术	起动技术与时机
45	前滚翻转身		陆上团身	团身紧
46			水中团身	
47			水中原地前滚翻	主动屈膝、屈髋团身
48			3次划手加滑行	最后一次大力划手
49			3次划手加原地前滚翻	划手与团身的配合
50			途中游前滚翻转身后成仰卧蹬壁姿势	蹬壁姿势
51			滚翻成仰卧并展体	蹬出动作
52			蹬壁后转体90度滑行	转动直线、滑行
53			滚翻转身分解练习 1. 滚翻至仰卧蹬壁。 2. 蹬离池壁、转体、滑行。	
54			爬泳前滚翻转身完整练习	
55	摆动式转身		拉池边借力转体团身	主动屈膝、屈髋团身
56			拉池边借力转体团身摆臂	摆臂转动

(续表)

序号	泳式	器材	动作名称	重点
57			游近池壁转体团身摆臂	接近池壁
58			蹬离池壁转体流线型滑行	蹬壁滑行
59			水下长划臂	
60			完整动作	

（二）教学训练指导

1. 水感练习的重点

划水技巧，逐步加快划水的速度。

（1）横"8"字划手模仿（站立池边）。

站立水中，面向池边，双臂伸直，腋窝卡在池沿，以肘关节为支点，手掌向外、向里划动。

（2）横"8"字划手模仿（站立水中）。

以肘关节为支点，手掌向外、向里划动，在水中体会掌心对水的感觉。

（3）横"8"字划手（仰卧）。

仰卧水中，手臂伸直置于头前，手心向外、向里"8"字划动，可夹助浮器。

（4）体侧摇橹手（仰卧）。

仰卧水中，手臂伸直置于体侧，肘关节贴近身体，手掌向外、向里横"8"字划动，在水中体会掌心对水的感觉。

（5）手置头前摇橹手（俯卧）。

俯卧于水面，手置头前，手心向外、向里横"8"字划动，在水中体会掌心对水的感觉。

（6）单臂蛙泳小划手模仿。

站立水中或水中行进，划前臂，上臂不动，肘关节接近水面。1次左手1次右手蛙泳小划手交替划动，手指沿水面前伸。

（7）交替蛙手+爬泳腿（抬头或头没入水中，戴呼吸管）。

俯卧水中，划前臂，上臂不动，肘关节接近水面。1次左手1次右手蛙泳

"小划手"交替进行,手指沿水面前伸,爬泳打腿。

2. 水上练习

(1)爬泳练习的重点。

使用核心力量、加大躯干转动幅度、呼吸、移臂与身体的整体转动、手借腿力。

①爬泳分解(两臂180度交替划水)。

动作要求:双手伸直置于头前,腋窝展开,爬泳180度换手移臂,入水后反向移臂至出水点,左右各两次,加大身体转动,入水点远。

动作重点:呼吸随身体的转动完成,露出一只眼睛、半张嘴,躯干转动幅度大。

②90度移臂入水。

动作要求:双手伸直置于头前,入水后空中往后移臂至于水面90度,再完成入水动作,左右手交替。

动作重点:注意入水时的手形,入水点要远。

③爬泳分解游(一臂90度、一臂270度交替划水)。

动作要求:左臂上举与肩垂直,移臂入水的同时右臂划水加速打腿,空中移臂与肩垂直处,两臂交替,躯干转动与两臂划水紧密配合。

动作重点:手借腿力,重心前移,身体转动。

④单臂分解游。

动作要求:入水点始终感觉在前伸手的前面,入水轻,头顶的位置始终向前,身体充分伸展成流线型。

动作重点:加大躯干转动幅度,转动时加速打腿,身体成直线。

⑤爬泳分解游(左臂2、右臂2)。

动作要求:左2次、右2次单臂划水,呼吸随躯干转动完成。

动作重点:划水加速时用力打腿,推水结束时身体充分伸展成流线型。

⑥爬泳分解游(左臂2、右臂和双臂交替2~4次)。

动作要求:左2次、右2次,两次单臂时吸气一次。

动作重点:吸气时头部动作随躯干的转动自然完成,配合动作要充分地舒展。

⑦蹬壁快速打腿+3～5次划臂。

动作要求：身体成流线型，头顶的位置向前，10次快速爬泳腿衔接3～5次快速爬泳手。

动作重点：小、密、快、狠地打腿节奏，出水加速衔接划手。

（2）仰泳练习的重点。

身体转动与手腿的配合、划水路线、动作节奏。

①反海豚腿。

动作要求：身体伸展成流线型，手臂、头和肩保持在水面，腰部发力带动下肢加速上踢。

动作重点：上体稳定，腰、腿动作幅度大。

②水下反海豚腿。

动作要求：身体充分伸展成流线型，强调小、密、快、狠的动作节奏。根据运动员的水平逐渐增加打腿次数。

动作重点：躯干发力，加速上踢，注意安全。

③坐姿仰泳腿。

动作要求：双臂前伸，身体成坐姿在水中打腿，幅度不宜过大，上体不要摇摆。

动作重点：身体稳定，打腿频率快。

④4个方向打腿。

动作要求：手置于体侧，按仰卧、侧卧、俯卧、侧卧依次进行，打12次换一个方向。

动作重点：转动中保持身体的平直。

⑤顶瓶仰泳腿。

动作要求：保持流线型，臀部不要下坐，打腿连贯，加速上踢。

动作重点：头部稳定，身体成直线。

说明：瓶中水多少可据运动员水平调整。开始以1/2瓶水为宜。

⑥仰泳分解（双臂180度交替划水）。

动作要求：一臂前伸，另一臂置于体侧，移臂时肩部出水手臂伸直，入水要有深度。

动作重点：躯干转动幅度大。

⑦仰泳分解（一臂90度、一臂270度交替划水）。

动作要求：左臂上举与肩垂直，右臂前伸，左臂移臂入水，右臂划水加速时同侧腿上踢，出水移臂至肩上方停止，手借腿力。

动作重点：身体转动大，移臂高、入水点远。

⑧仰泳分解（两臂空中交替）。

动作要求：两臂上举与肩垂直，躯干保持直线，手臂动作舒展，两臂交替时加速打腿，臀部不要下沉。

动作重点：躯干的直线、稳定和打腿的频率。

⑨45度坐姿抱头仰泳腿。

动作要求：手指交叉置脑后，身体成45度坐姿于水中打腿，上身不要摇摆。

动作重点：打腿时频率快，幅度小，加速上踢。

⑩坐姿收下颌仰泳。

动作要求：收下颌，眼睛看脚尖，保持头部稳定，快频率划臂和打腿。

动作重点：小拇指快速切入水。

（3）蛙泳练习的重点。

手、腿和躯干的合力，蹬腿与划手的加速度。

①蛙泳分解：2腿1手（1次蝶泳腿、1次蛙泳腿）。

动作要求：打蝶泳腿时要有意识地做前伸和前扑的动作，蛙泳腿蹬夹要有加速度和滑行。

动作重点：躯干发力，内划加速。

②蛙泳分解：3腿1手（1次蝶泳腿、2次蛙泳腿）。

动作要求：2次蛙泳腿，1次蝶泳腿加1次蛙泳划手，每次蹬腿后要有滑行。划手时不蹬腿，蹬腿时不划手。

动作重点：身体流线型，内划要有爆发力。

③蛙手+爬腿（可戴呼吸管）。

动作要求：身体稳定，头始终保持在水面上，收腹提气，连贯打腿。

动作重点：身体保持在水面。

④2次划手1次呼吸的配合。

动作要求：加速内划后的前伸一定要充分，滑行阶段保持流线型，头、背要贴近水面。

动作重点：腰始终贴近水面，蹬腿伸肩，身体的流线型。

⑤抬头蛙泳。

动作要求：抬头的蛙泳配合。

动作重点：划水加速。

⑥1手多腿。

动作要求：1次蛙泳手，多次蛙泳腿。

动作重点：头部动作幅度和身体的平衡。

（4）蝶泳练习的重点。

动作节奏、两次腿的配合、连续的波浪起伏。

①4个方向打腿。

动作要求：两臂前伸夹在头后成流线型，顺时针转动打腿，大腿后伸，转动时身体充分伸展。

动作重点：腋窝和髋关节打开，保持身体的平直。

②持棒蝶泳腿分解（左4右4）。

动作要求：单臂持棒前伸，左腿打腿4次，右腿打腿4次，双腿4次，一腿伸直做参照，打腿上抬至另一腿平行再开始下打。

动作重点：下打后的主动直腿上抬。

③抱胸垂直蝶泳腿。

动作要求：两臂交叉抱于胸前，身体垂直于水中，头露出水面保持稳定。打开髋关节，大腿后伸带动小腿加速前踢。

动作重点：大腿后伸，重心上顶。

④流线型垂直蝶泳腿。

动作要求：两臂伸直夹在耳后方，身体垂直于水中，头露出水面保持稳定。

动作重点：打腿节奏要快，鞭状加速明显。

⑤蛙泳长划臂+蝶泳腿。

动作要求：蛙泳长划臂加4次蝶泳腿，长划臂的划水路线完整，手借腿力，掌心紧贴身体回臂前伸。

动作重点：推水加速与打腿的配合。

⑥手置于体侧，空中移臂+爬泳腿（可戴呼吸管）。

动作要求：两臂置于体侧，空中移臂再还原，爬泳腿动作要连贯。

动作重点：直臂移臂。

⑦蝶泳手+爬泳腿（可戴脚蹼）。

动作要求：蝶泳划手加爬泳打腿，头和肩保持在水面附近，吸气时不要过分抬头，手臂贴水面前伸，连贯打腿。

动作重点：低平移臂，轻柔入水，划水加速，打腿连贯。

⑧蝶泳分解：4腿1手+滑行。

动作要求：4次蝶泳打腿1次蝶泳划臂，吸气时头、颈、背成直线，目视斜下方水面，视线与水平面成45度夹角。

动作重点：在水面保持流线型。

⑨蝶泳分解：3腿1手。

动作要求：3次蝶泳打腿加1次蝶泳划臂，大腿及时上抬与移臂入水动作的配合。

动作重点：划水加速与腿的配合。

⑩蝶泳分解：2腿1手。

动作要求：动作节奏连贯，身体波浪起伏小。

动作重点：入水前伸提臀与第一次打腿的配合。

⑪流线型蹬底垂直蝶泳腿。

动作要求：蹬池底后垂直向上蝶泳腿，手臂夹紧、头部稳定，加速连续鞭状踢水。

动作重点：鞭状打腿加速。

⑫蹬地垂直蝶泳配合。

动作要求：蹬池底后垂直向上蝶泳配合。

动作重点：加速划水和打腿的合力。

四、出发技术教学指导

（一）台上出发

1. 池边坐姿流线型夹头蹬离

坐在池边，保持好流线型，身体打开后保持平直（蹬离后的空中姿态），注意入水的手型和角度。

2. 池边蹲姿流线型夹头蹬离

蹲在池边，保持好流线型，脚趾扣住池边，先移动重心再蹬离展体入水（蹬离后的空中姿态），注意入水的手形和角度。

3. 池边单腿跪姿流线型夹头蹬离

单腿跪在池边，保持好流线型，臀部上抬，膝盖微屈，脚蹬池边（蹬离后的空中姿态），注意入水的手形和角度。

4. 池边单腿立姿流线型夹头蹬离

单腿站立在池边，保持好流线型，脚蹬池边（蹬离后的空中姿态），注意入水的手形和角度。

5. 池边立定跳远

手和腿协调用力，摆臂蹬离池边，入水点远。

6. 台上出发预备姿势

臀高头低，肩关节尽量贴近前腿的膝关节处，重心尽量接近出发台前沿。先移动重心再发力，并通过摆臂和伸膝把身体向前抛出，蹬离后保持空中流线型姿态，入水时身体保持流线型，双手、双脚叠起。

（二）仰泳出发

1. 预备姿势

双臂伸直拉住扶手，团身收腿脚蹬池壁，头后仰，眼睛看正上方。

2. 摆臂蹬出

双脚发力蹬出，手向头前摆，头后仰眼睛看对岸出发台，引导身体成反弓形蹬出。

3. 反海豚腿

手臂夹头收下颚保持流线型，通过调整手掌与小臂的角度控制入水后的深度。腰部发力，逐渐加大动作幅度，加速上踢。

4. 起游

注意出水时打腿和划臂动作的衔接，当鼻子接近水面时，转换仰泳打腿并开始第一次划臂。

五、转身技术教学指导

（一）前滚翻转身

1. 陆上团身

平躺于地面，两臂伸直置于头前，两腿伸直并拢，以臀部为支点团身收腿，胸腹紧贴大腿。

2. 水中团身

俯卧于水中，两臂伸直置于头前，两腿伸直并拢，以臀部为支点团身收腿，胸腹紧贴大腿。

3. 水中原地前滚翻

俯卧于水中，两臂伸直置于头前，两腿伸直并拢，以臀部为支点团身收腿，低头提臀，先屈髋，再屈膝，缩短转动半径，加快旋转。

4. 3次划手加滑行

3次划手之后，双手置于体侧滑行，注意头部位置，眼睛看池底。

5. 3次划手加原地前滚翻

三次划手之后，双手置于体侧滑行，低头提臀，屈髋屈膝，团身收腿，胸腹紧贴大腿。

6. 途中游前滚翻转身后成仰卧

向前游进，前滚翻后仰卧，两臂伸直置于头前，两腿伸直并拢。

7. 前滚翻转身后成仰卧蹬壁姿势

向池壁游进，前滚翻后仰卧，两臂伸直置于头前，两腿成蹬壁预备姿势。

8. 滚翻成仰卧并蹬壁展体

前滚翻后仰卧，两臂伸直置于头前，两腿蹬直并拢。

9. 蹬壁后转体90度滑行

仰卧蹬壁后滑行过程中转体，保持流线型。

10. 滚翻转身分解练习

（1）滚翻至仰卧蹬壁。
（2）蹬离池壁、转体、滑行。

11. 爬泳前滚翻转身完整练习

把上面10个分解动作串连起来练习。

（二）摆动式转身

1. 拉池边借力转体团身

手拉池边，主动团身收腿。

2. 拉池边借力转体团身摆臂

手拉池边，主动团身收腿，手推离池边转成侧向。

3. 游近池壁转体团身摆臂

迅速团身收腿，一手水下前伸至头前，另一手空中摆臂至头前，手臂贴近耳朵。

4. 蹬离池壁转体流线型滑行

蹬离池壁时，身体侧向，在流线型滑行的过程中转体至俯卧流线型。

5. 水下长划臂

两臂伸直置于头前，掌心朝后在身体下方划至大腿，掌心贴近身体还原前伸。

6. 摆动式转身完整动作

注意团身摆臂和蹬离池壁后的流线型。

（三）混合泳转身

1. 蝶泳转仰泳

双手触壁后迅速收手团身，摆臂侧转，蹬离后注意保持流线型和反海豚腿的衔接。

2. 仰泳转蛙泳

必须保持仰卧触壁。运动员大多采用两种方法：一种是"侧下滚"，即最后一划开始转肩，待单手触壁瞬间接滚翻转身；另一种为"侧平转"，以仰姿单手触壁，团身侧摆。"侧下滚"的难度比"侧平转"大，需要单手触壁后，在身体转至接近90度垂直面时开始滚翻。对于低年龄运动员来说，角度和方向不好把握，容易出现犯规，因此，需要根据运动员个人的基础选择适合的方法。

3. 蛙泳转自由泳

双手触壁后迅速收手团身，摆臂侧转。蹬离后注意保持流线型和海豚腿的衔接。

第四节　游泳技术教学手段与完成标准

游泳是深受少年儿童喜爱的体育运动项目，与我们的生活密不可分。例如，不会打篮球的孩子不会有生命危险，如果不会游泳，在一些特定的环境下，不仅不能帮助别人，还会使自己陷入危险之中。

按照人们的需求，游泳的功能排序应该是：安全、健康、娱乐和竞技。所以，每个人都要学习游泳，掌握正确的游泳技术，并把它作为终身锻炼的一种方式方法。游泳不是人的本能，是模仿动物动作的一种技术。我们的身体在做这些动作的时候没有可借鉴的地方，就像婴儿学走路一样要在头脑中建立新的条件反射，再加上水环境与我们日常生活的陆地环境有着巨大的差别，使得我们学习游泳更加困难。

按照技术学习和游泳教学规律，科学、合理地制定游泳技能学习的主要手段和完成标准，对于规范游泳教学秩序，提高教学质量有着积极的促进作用。游泳教学的开始，初学者首先必须熟悉水性，才能开始游泳姿势的教学。把熟悉水性和泳姿并行教学，加大了游泳学习的难度。在学游泳年龄越来越低龄化的趋势下，把熟悉水性作为一个独立的单元进行教学是非常有必要的。也就是说，必须具备呼吸、滑行、漂浮及基本的水中活动能力后，才能开始竞技游泳技术的学习。至于先教哪一种姿势要从实际出发，根据学员的年龄、技术基础和场地、教学任务、学习时间来定。无论哪一个教学模块，都要包含自救技能的学习。

在浅水池，如果教学对象是幼儿和老年人，可以先学习仰泳，因为仰泳技术动作简单，容易掌握。对于其他年龄段的人，可以先学爬泳或蛙泳。蛙泳动作比爬泳复杂一些。但蛙泳游进时省力，可以迅速增加游距。在深水教学中，很多的游泳教学都是选择先教蛙泳，因为在深水中游泳，踩水是保证人身安全的技术。蛙泳技术与踩水动作相近，学会了蛙泳，再教踩水就很简单。蝶泳对体能和技术要求较高，一般都是在学会蛙泳、自由泳和仰泳后，最后再学习。

下面是熟悉水性和四种姿势技术的教学手段和完成标准。教学手段按照循序渐进原则、由易到难的方式排列。使用时，根据学习者的水平和完成情况决定练习的次数。完成熟悉水性阶段的教学后，可以任选一种泳姿进行教学。任何一单元的教学，都必须包括自救技能的学习。（表2-4-1～表2-4-5）

表2-4-1 第一单元——熟悉水性

序号	教学手段	完成标准
1	安全入池	独立入池
2	水中行走（浅水） 池边移动（深水）	独立行走10米 独立移动5米
3	水中闭气	3～5秒
4	站立扶池边垂直下蹲（浅水） 直体拉池边垂直下沉（深水）	3～5秒 3～5秒
5	抱膝浮体（浅水） 抱膝浮体（深水、双手或单手扶边）	3～5秒（有助力） 3～5秒（有助力）
6	吐气练习（垂直上下）	水中吐出连续气泡3～5秒
7	连续呼吸（垂直上下）	连续完成10次
8	跳跃换气呼吸（浅水） 扶池边垂直起落呼吸（深水）	头没入水中后跃起10次 头没入水中后出水换气10次
9	扶池边俯卧漂浮	保持平直3～5秒
10	漂浮→水中站立（浅水）	独立完成
11	俯卧漂浮（抱板）	独立漂浮10～15秒
12	蹬底滑行→水中站立（浅水）	3～5米
13	蹬壁滑行→水中站立（浅水）	3～5米

（续表）

序号	教学手段	完成标准
14	仰卧漂浮（抱板）	独立漂浮10～15秒
15	俯卧、仰卧转动漂浮（抱板）	3～5次
16	水中持续活动	15分钟
17	水中自救练习——团身下沉后： 站立（浅水） 抱膝浮体（深水）	独立完成
18	水中自救练习——下沉后蹬池底上升： 换气（浅水） 转仰浮（深水）	独立完成

表2-4-2　第二单元——爬泳教学

序号	教学手段	完成标准
1	坐池边爬泳腿	动作准确、连续打腿30秒
2	扶池边爬泳腿（不呼吸）	连续打腿10秒
3	持板爬泳腿	15～25米
4	单臂扶池边爬泳腿（侧呼吸）	每12次打腿换气1次
5	爬泳手单臂模仿（站立）	动作准确
6	爬泳手+呼吸模仿（站立）	动作准确、熟练
7	持板单臂爬泳分解（侧呼吸）	15～25米
8	持板爬泳配合	15～25米
9	爬泳配合	持续游15～25米
10	水中自救练习 团身下沉后：站立（浅水）；抱膝浮体（深水） 池边跳水下沉后蹬池底上升：换气（浅水）；转仰浮（深水）	独立完成
11	水中自救练习——抱板踩水	2～3分钟
12	水中自救练习——踩水	1分钟

表2-4-3　第三单元——仰泳教学

序号	教学手段	完成标准
1	仰卧池边仰泳腿	动作准确、连续打腿30秒
2	抱板后退仰漂（浅水）+打腿	10～15秒

(续表)

序号	教学手段	完成标准
	抱板仰漂（深水）+打腿	10~15秒
3	蹬边仰浮滑行	3~5米
4	抱板仰泳腿	15~25米
5	手置体侧仰泳腿	15~25米
6	仰泳单臂分解模仿（站立）	动作准确、熟练
7	仰泳单臂分解模仿（半陆半水）	动作准确、熟练
8	持板单臂仰泳配合	15米
9	5米仰泳腿+15米仰泳配合	20米
10	仰泳配合 水中自救练习 团身下沉后：站立（浅水）；抱膝浮体（深水） 池边跳水下沉后蹬池底上升：换气（浅水）；转仰浮（深水）	15~25米 独立完成
11	水中自救练习——抱板踩水	2~3分钟
12	水中自救练习——踩水	1分钟

表2-4-4 第四单元——蛙泳教学

序号	教学手段	完成标准
1	坐池边蛙泳腿	动作正确
2	俯卧池边蛙泳腿	动作熟练、节奏准确
3	扶池边蛙泳腿（憋气）	3~5次
4	扶池边蛙泳腿（3次腿1次呼吸）	呼吸与腿配合动作准确
5	扶池边蛙泳腿（2次腿1次呼吸）	呼吸与腿配合动作准确
6	扶池边蛙泳腿（1次腿1次呼吸）	配合动作准确，有滑行
7	扶池边蛙泳腿（3-2-1变化：3腿1呼—2腿1呼—1腿1呼）	配合动作准确，有滑行
8	扶板蛙泳腿（抬头）或加呼吸蹬腿	15~25米
9	持板蛙泳腿+呼吸（3-2-1变化）	连续完成3~5个周期
10	俯卧池边蛙泳手	动作准确
11	俯卧池边蛙泳手+呼吸 水中行进蛙泳手+呼吸（浅水）	动作准确、熟练 持续15米

(续表)

序号	教学手段	完成标准
12	流线型蛙泳腿+小划手（3次腿1次呼吸）配合	配合动作准确持续3个动作周期
13	流线型蛙泳腿+小划手（2次腿1次呼吸）	持续25米，有滑行
14	流线型蛙泳腿+小划手（1次腿1次呼吸）	持续25米，有滑行
15	流线型蛙泳腿+小划手（3-2-1变化）	持续2个周期，有滑行
16	蛙泳配合	持续15~25米
17	水中自救练习 团身下沉后：站立（浅水）；抱膝浮体（深水） 池边跳水下沉后蹬池底上升：换气（浅水）；转仰浮（深水）	独立完成
18	水中自救练习——抱板踩水	2~3分钟
19	水中自救练习——踩水	1分钟

表2-4-5　第五单元——蝶泳教学

序号	教学手段	完成标准
1	站立蝶泳腿分解模仿	动作准确
2	手臂流线型蝶泳腿模仿	动作准确
3	单腿站立蝶泳腿模仿	动作准确
4	扶池边垂直蝶泳腿（深水） 手置体侧蝶泳腿（4次腿1次呼吸）	10~15秒 15~25米
5	扶板蝶泳腿（3~4次腿1次呼吸）	15~25米
6	蛙手蝶泳腿（3~4次腿1次呼吸）	15~25米
7	蝶泳划手模仿	动作准确、熟练
8	蝶泳划手模仿+呼吸	动作准确、熟练
9	蝶泳单臂分解配合（左2右2） 5米蝶泳腿+10米蝶泳配合（4~3次腿1次呼吸）	15米 15米
10	蝶泳配合 水中自救练习 团身下沉后：站立（浅水）；抱膝浮体（深水） 池边跳水下沉后蹬池底上升：换气（浅水）；转仰浮（深水）	15~25米 独立完成
11	水中自救练习——抱板踩水	2~3分钟
12	水中自救练习——踩水	1分钟

思考题：

1. 四种泳式中头部位置与呼吸的特点。
2. 儿童游泳运动员陆上身体姿势练习的手段和要求（3种以上）。
3. 儿童游泳运动员水感练习的手段和要求（3种以上）。
4. 简述7～8岁蝶泳技术动作教学重点、难点与评价。
5. 设计幼儿熟悉水性教学（呼吸）15分钟练习的手段组合。
6. 设计自救练习（深水）15分钟练习的手段组合。

第三章 儿童游泳运动员基本技术教学训练方法

章前导读：

本章节完整、全面地介绍了儿童游泳基本技术训练的理念，重点对儿童基本技术训练的特点及其教学训练方法、手段组合进行了介绍。在制订训练计划这一部分，本章提供了典型的周计划范例，以供参考。

第一节 儿童游泳基本技术训练概述

在我国，游泳业余训练的孩子们大多都是在经过了游泳教学班的教学，掌握了最基本的游泳姿势后，经教练员挑选和孩子们自己的意愿，进入业余训练系统接受初级的基础训练，这些孩子年龄大多是七岁左右的在校一年级学生，对这些孩子进行游泳技术的基础训练，难度很大，其原因主要有以下几点：

（1）游泳技术教学训练所需要的注意力、自制力和欲望在这个年龄段的儿童都处于较低水平，良好的训练习惯尚未建立。

（2）游泳技术教学在水中进行，在完成技术动作时，没有视觉、听觉的帮助，仅凭自身肌肉的本体感觉做动作容易产生错误动作，纠正起来也很困难，而这些孩子的智力发育水平和认知能力水平尚不能满足技术训练的要求。

（3）规范的技术尚未掌握，不能维持一定的距离，不能满足身体素质发展的需要。

（4）技术训练与训练时间的冲突。技术训练需要很多时间，长期坚持才能看到效果，而在儿童阶段依靠每节课五六千米的训练量，短期就可以达到提高成绩的目的。这使得很多教练员重视体能训练，轻视技术训练。

（5）现有的技术改进方法，不适合规模性的训练方式。一次训练课的人数一般为20~30人，水平差异是普遍现象，无形中增大了技术训练的难度。普遍使用的一对一改进技术的方法，不适宜集体训练的方式。

文化学习与游泳训练时间上的冲突，家长与教练员对训练目的持不同认知的矛盾，多彩世界对儿童运动员的吸引……我们还面临很多的问题，都是需要我们考虑的。如何合理、科学地安排儿童的业余游泳训练，尤其是在儿童游泳全面基础训练阶段，如何吸引儿童参加系统的游泳训练并且坚持下去，必须更新我们的训练理念，以多、快、好、省的方式完成全面基础训练的任务，不断提高培养游泳后备人才的质量。

一、儿童游泳基本技术训练的必要性

竞技游泳比的是速度。游速快，不仅需要体能，更需要合理的游泳技术。在体能相同的情况下，技术好自然游得快，技术不好一定游不快，这是不言而喻的。

游泳是周期性运动项目，比起一些陆上的周期性运动项目，它的技术性又特别的强。按照一些训练学专家的分类，游泳运动应该划分在体能类项目中。但是，游泳动作不是人类的本能，是人类模仿动物而创造的，这些游泳动作对人的关节活动范围和肌肉发力动作提出了很高的要求。技术动作正确，动作的经济性就高。反之，动作差，花费的力气就大，浪费的体能就多，因此，有人又把游泳运动划归为技能与体能相结合的项目。

俄罗斯相关专家认为，游泳是一项将生物力学与生理学相结合的运动，生物力学效率是影响游泳运动员成功最重要的因素。而澳大利亚相关专家则认为，游泳运动是一项技术驱动的项目。

由此可见，技能是释放体能的唯一途径。必须重视技术的改进与提高，给予充分的时间进行技术训练。

自从学游泳开始，就是在学习游泳的技术动作，而人们会发现，已经掌握的技术五花八门，什么样的动作都有，还有的孩子练了几年游泳，技术动作也没法跟优秀运动员相比，最重要的原因就是没有经过系统的基本技术训练，就不可能像优秀运动员游得那么好。

游泳的基本技术，是优秀运动员技术动作的基础。正如一部汽车，由标准的、高质量的零件组装，是该车跑出最高速度的基础一样，一个零件有毛病，这车也许就跑不起来了。在基本技术训练时期，技术上遗留的任何不足，哪怕是细小的缺陷，都会成为高水平时期提高成绩的障碍。

按照我国的游泳竞赛安排，10岁是首次进行奥运会游泳项目比赛的年龄，在这一年龄段取得优秀的比赛名次的影响因素较多，如大运动量训练、发育早等。打好基本技术训练基础，则是获取最高训练效益的选择。

比赛技术，就是游得快的技术。基本技术训练的过程，也是培养比赛实用技术的过程。在儿童时期，通过最大限度地减少阻力的方式来达到提高游速的目的，是基本技术训练的重要任务。

二、各年级基本技术教学训练的目标

（1）技术动作随着身体的生长发育，身体素质的发展不断完善提高，技术动作有着明显的年龄特征。

一个游泳运动员，从学会游泳到运动成绩的高峰，大约需要十几年的时间。针对最终目标，技术训练应该按照年龄，有步骤地完成。其中7～10岁是进行技术训练的黄金时期。因为这一年龄阶段处于两个发育高峰的中间，力量、耐力等素质并不是发展的敏感期。只是与技术有关的神经系统的发育，躯干和关节的柔韧性，动作速度，动作频率处于最佳的发展时期。因此，应该依据儿童生长发育特点、智力发展水平、游泳技能形成的规律进行技术训练。不同的年龄阶段，应有不同的技术教学训练目标与重点。

技术训练的第一步，首要是建立正确的动作概念。不仅要在身体姿势、身体位置，身体的流线型、水下的划水路线、手腿配合、手腿呼吸的配合时机等方面符合规范要求，还要学习使用核心力量和掌握侧向打腿技巧。

第二步，为了参加比赛，要学习比赛的实用技术，采用减少游进阻力、培养水感的方式提高游泳成绩。要注意游进的直线性；动作连贯性、节奏感；划水加速动作的规范方面狠下功夫。掌握合理、准确的用力方式，重点是手腿配合的借力与合力。

（2）各年级的基本技术训练目标。

①一年级（技术教学训练阶段第一年）技术教学任务：明确身体姿势的基本概念。

- 身体的平衡，呼吸时身体起伏小。
- 身体平直，流线型好。
- 头部的动作稳定，减少身体起伏和扭动。

②二年级（技术教学训练阶段第二年）技术教学任务：在游进中维持身体平衡，保持直线型和流线型。

- 长轴泳式（爬泳、仰泳），呼吸动作随身体的转动完成，转动时身体成直线。
- 短轴泳式（蝶泳、蛙泳），呼吸时头、颈、背呈直线，呼吸时失去的身体平衡要尽快恢复。
- 学习手、腿动作协同发力的技巧，掌握正确的动作节奏。

③三、四年级（技术教学训练阶段第三、四年）技术教学任务：在技术动作细节上符合规范要求。

- 在游进中把核心力量的使用，合力、借力、力的传导、划水加速度的概念融入每一个技术动作中，动作节奏要正确。
- 掌握正确的水下划水技术和技巧，划水加速度的路线要长。
- 强化出发、转身、到边技术。

三、游泳基本技术训练的核心

游泳基本技术是组成竞技游泳技术动作必不可少的因素，基本技术训练是游泳运动员多年训练中最重要的环节。游泳基本技术是指打腿，划手，分解（非全部腿、手的组合），出发，转身，到边等动作。

在进行基本技术训练时，必须围绕基本技术的核心来安排。核心是指游泳时的身体姿势，平直、伸展成流线型、高位——在水面和空气之间游泳，呼吸时身体的转动成直线、上下起伏幅度小（平、直、长、高、流线型、转动），因为这些不是产生推进力的主要因素，如果动作不规范，反而会大大地增加阻力，浪费能量。在手腿配合动作中学会发力、借力和合力，有效划水路线长，节奏明显是提高划水效果的主要方法。

基本游泳技术的核心通常是指身体姿势和身体位置。

在进行基本技术训练时，必须围绕这些基本技术的核心来强化技术动作。

1. 身体平衡

下颌收紧，贴近胸部，水面在头顶处。把支撑点或胸部尽量向前下方压，重心前移。身体尽可能保持水平姿势，减少身体与水平面的夹角和在水中占用的空间。

2. 身体平直

身体尽量伸展，呈一条直线。平卧水中时，下颌微收，眼睛看池底（仰泳看天花板），水面在头顶中央，打开腋窝和髋关节，肘关节、膝关节伸直，提气、提肋使躯干呈直线，手指和脚后跟在水面附近。

3. 身体的流线型

双臂在头前伸直并拢，头（耳朵）夹在两臂中间，头、颈、背成一条直线。手、腿并拢伸直，绷脚尖，以最小的面积对水。出发转身后，双手和双脚并拢或重叠（起动手在下）。

在游进过程中需要注意以下几点。

1. 身体位置高

在水面和空气之间游泳。在动作开始和结束时，手和脚在水面附近。

2. 身体转动

转动的时间多于平卧的时间。在转动中要保持身体的平直与伸展以减少游进阻力。

3. 节奏

掌握正确的发力方式，用力、放松节奏明显。

4. 长轴泳式（爬泳、仰泳）

围绕纵轴转动的泳式，使用核心力量，转髋发力，手、腿协调发力，在转动和侧向打腿时要保持直线和流线型。

5. 短轴身体泳式（蝶泳、蛙泳）

围绕额状轴转动的泳式。头部是脊柱的延伸。在呼吸时头、颈、背成直线，眼睛看水面45度。身体与水平面的夹角增大后要尽快地恢复，游进中尽量减少身体上下的起伏。

四、儿童游泳基本技术教学训练的特点

1. 组织形式

进行基本技术教学训练时，应采用集体训练的方式完成。

（1）距离短（短于主项距离）。

距离的选择应根据年龄、训练水平不同而有所区别，多采用25米和50米的距离。

（2）速度快（接近/等于/高于比赛速度）。

因为只有以接近比赛的动作速率进行练习才能掌握比赛的实用技术。

（3）间歇时间：30秒±15秒。

运动员应有足够的时间听清楚教练员对技术动作的要求及提示，有足够的体力按照比赛速率完成动作。当技术与数量发生矛盾时，放弃数量，保证用正确的动作完成训练计划。

（4）完成方式。

用比赛中所需的一切技术动作来完成。其中打腿、分解的比例大于配合技术，随着年龄的增长，规范技术的掌握，逐步增加配合游的比例。

基本技术教学训练宜放在准备活动之后，因为这时运动员有充分的精力和体力去完成。

2. 技术动作学习的教学步骤

（1）建立动作概念。

①讲解、示范。

②充分利用视觉、听觉的帮助，建立正确的动作概念。

③讲解简明、扼要，重点突出。

④形象、直观地讲解更易被儿童运动员理解。

⑤提问有强化动作概念和重点提示的作用，让运动员记住每个动作的关键词。

⑥充分使用示范，尤其是正误对比示范，更适合低龄儿童。

⑦使用约定的手势信号、模型、图片进行动作重点提示。

（2）重复练习。

①巩固、提高强化正确动作，纠正错误动作。

②重要的是让运动员在练习中掌握正确的技能，重复错误动作只是在浪费体能。

③循序渐进、由易到难，逐步增加动作难度，是掌握正确技术动作的最佳方法，如陆上模仿→半陆半水→水中行进→水中游进。

（3）独立完成动作。

及时地反馈。小结和点评时，利用"OK"，伸大拇指的手势和"好""太棒了"等简单的、具有正向功能的语句对正确的技术动作给予肯定。

（4）技能+体能的综合练习。

①技能+体能的形式，更加适合技术动作的巩固与提高。

②配合游（短距离，比赛技术的速率）+技术相对简单的打腿、分解练习（较长距离），多次重复的方法，增加负荷量，提高体能。

③分解+配合+分解的方法——利用分解技术学习动作，然后融入配合练习，明确其在整体动作中的位置及其与其他动作的关系，然后再把它分离出来直至能够准确完成。

④配合+分解+配合——与上一方法相反。从配合技术开始，然后分解练习，最后再回到整体配合。

3. 动作难度低，要求简单、明确，容易掌握

游泳是全身运动，几乎身体的每一个部分，都参与到运动中来。肢体各部分的协调配合是游得快的重要因素。四种泳式的配合动作，对于优秀运动员来说是简单动作，但对7~10岁的运动员来说就是复杂动作。在基本技术训练中，采用大量的打腿、划手、分解练习，就是化繁为简。

在基本技术练习中，大量采用打腿、分解和按照技术训练要求而设计的局部动作组合，降低了动作难度，有利于规范技术的形成。

决定难度高低的不是教练员的个人感觉、动作本身的难度，而是运动员的接受能力。所以因材施教，依据运动员的文化背景和训练水平选择练习动作才是适宜的。讲解后，运动员完不成动作，教学目标没有实现。其原因可能是讲得不清楚，听得不明白，或者是动作难度大，高于现有水平太多。教练员是教学训练的主导，要从教法上寻找原因。首先，教练员要充分地理解规范技术，头脑里有先进技术的模型，然后将技术进行分解以便开展与运动员的年龄相适宜难度的训练。

当学习一个新动作时，动作简单，要求明确、具体（针对一个动作环节，每次只提一个要求），运动员能够明白、理解，并且能够做出来，说明这个动作的难度合适，教法正确。当动作不能按照要求完成时，就要降低难度。

4. 一个技术目标的完成，需要进行有针对性的设计

训练手段的安排是由点、组合、系统等几个要素构成的。在安排教法步骤的时候，要注意以下问题：

（1）提出任务：技术目标（点）。
（2）设计训练手段：依据循序渐进的原则，搭成阶梯进行训练（组合）。

设计训练手段组合的时候，相邻的两个动作有一部分是相同的，既降低了动作难度，又利于技术动作正迁移的形成，尽快地掌握动作。

例如，仰泳配合技术练习组合。

①脚蹼、手置体侧90度转动打腿。
②手置体侧45度滚动打腿。

③四个方向流线型打腿。

④顶瓶仰泳腿。

⑤一臂置体侧，另一臂单臂划水分解游。

⑥一手前伸，一手体侧180度两臂交换分解游。

⑦双臂90度+270度的配合游。

⑧双臂上举360度交替配合游。

这套组合练习适用于9～10岁的儿童，重点是学习使用核心力量和手腿之间的协调配合。设计的思路：练习①～③，身体转动和提高体能；练习④解决在转动过程中，可能会产生身体扭动和上下起伏的问题。练习⑤完善手的入水动作，规范划水路线。练习⑥，核心力量的使用。练习⑦，划水加速时用力打腿，手借腿力。练习⑧，解决在划水的过程中保持身体的稳定。

（3）处理好局部与整体的关系（系统）。

不当地使用分解练习，也会形成新的错误动作。在执行时，明确局部动作在配合动作中的作用、与配合动作的关系，不要因为过分地突出局部练习而影响完整的配合动作。

例一，学习蝶泳躯干的波浪动作，开始的时候允许用头部引导躯干形成波浪，当掌握了动作要领以后，就要使用打水板进行练习，把头和肩稳定在水面附近，因为由头部引导躯干的波浪动作，会加大游进阻力。

例二，蛙泳蹬腿的练习，要结合发力、加速、力的传导三个部分依次进行。

第一步，明确动作概念，发力时，使用大肌肉群，依次打开髋、膝、踝关节。

第二步，逐步加快蹬水速度，在两腿将要并拢时速度最快。蹬水结束时，大脚趾相对，把力用到大脚趾尖。

第三步，蹬水加速时向前伸肩，把蹬腿的力通过髋、腰、肩、手腕传导到手指尖。

5. 动作细节训练是掌握规范动作的途径

基本技术教学训练，是强化正确技术动作的过程。通过简单的、局部的、正确的动作的逐渐累积，达到掌握规范动作的目的，而不是产生错误动作后修正的办法。把动作细节按照教法步骤科学合理地安排是掌握规范技术的途径。

首先,把完整的泳式按照分层累加法,分解为最简单的动作,再搭建成难度逐渐加大的进阶进行训练。一个动作的要点按照动作过程和用力方法依次排列,先学习动作过程,再教如何用力。

(1)分层。

第一个层次:按照运动学的结构或技术的外形进行划分。各种姿势都可以分为以下层次:身体姿势、腿、腿与呼吸、手、手与呼吸、手腿配合、手腿配合与呼吸。按照顺序进行动作概念教学。

第二个层次:按照内在的、力学的结构进行分层。顺序依次是动作的方向(划水路线)、用力的方法、动作节奏和完成动作的感觉。

例如,爬泳配合的动作要点:

①打开腋窝,左臂前伸,右臂划到腹下时用力打腿(注意两手配合、手腿配合)。

②左肩下转,对侧髋和右肩向上转动,肩和髋露出水面(可以做出来躯干的整体转动)。

③头随身体转动呼吸,露出一个眼睛和半张嘴(注意头与躯干的配合)。

④手臂在躯干下方加速划水,充分使用核心力量,转髋发力,在转动的过程中身体保持直线(注意发力、用力)。

(2)累加。

技术动作是由很多环节组成的。很多环节和要点的累加是搭建规范动作的最好方法。动作要点(分解成运动员可以接受的细节)需要在练习的时候把动作要点按照顺序依次提出,做的是完整动作,但是每次只注意其中一个环节的一个细节;每次只提一个最简单的要求,当运动员掌握了以后再提出下一个要求,在巩固保持前一个动作的基础上再做好第二个动作。

在进行细节动作累加的时候,可以根据运动员的具体情况,有针对性地进行。

①按照动作过程进行。

例如,爬泳入水动作按照入水点、入水的手型、入水后手臂的动作方向、入水时另一只手臂的动作等,依次进行。

②按照动作要点进行。

例如，蝶泳呼吸与手入水按照以下5个要点依次进行：

- 呼吸时头颈背成直线；眼睛看45度水面。
- 手臂前移三分之一时，头部前伸、眼睛看池底、肩膀去碰耳朵、大腿主动上抬。
- 头与手臂同时在肩前方入水。
- 入水动作轻快。
- 尽早打第一次腿。

③按照存在的技术问题进行。

例如，蝶泳入水时阻力大按照：手入水动作轻柔、水花小，打开腋窝；向前伸肩提臀，腿下打，肩和后脑勺在水面附近等，依次进行。

6. 比赛实用技术是技术训练的重要内容，每一个细节都有专门设计的练习

出发、转身和到边是重要的比赛技能。在日常的训练中往往被放在不重要的位置上，如课后或者赛前临时增加的练习。

所以经常见到，台上出发的预备姿势是最费力的、蹬不远的、反应最慢的；仰泳出发尚未掌握就参加比赛。海豚腿和反海豚腿在四种姿势比赛技术中广泛使用，被称为第五种泳姿，被认为是复杂技术，因不安全而很少进行训练。

诸如到边冲刺时，手未触壁，却早已抬头上体出水，失去了应得到的名次；转身前狠狠地打一下蝶泳腿，减低游速来个刹车；团身时不是缩短半径加快旋转速度，而是早早地展髋，使转动速度降低，蹬出滑行的距离短等问题都是忽视比赛实用技术的训练，忽视了细节造成的。

学习比赛实用技术，决定因素不是孩子的年龄，而是教练员的训练理念、对规范技术的理解和教学能力的高低。

要针对不同的技术训练目标，设计练习手段和练习的重点。

例一，蝶泳出发入水后，身体呈流线型，双手是重叠的，但在蝶泳配合技术中手的入水是在肩的延长线上。

练习设计：蹬边出发，身体呈流线型的水下海豚腿8～9次，升至水面后，双臂前伸同肩宽，手呈入水状打蝶泳腿。

例二，高肘抱水动作的练习。

①双臂前伸同肩宽，手呈入水状打爬泳腿。

②双臂前伸同肩宽，手呈抓水状打爬泳腿。

③双臂前伸同肩宽，手呈高肘抱水状打爬泳腿。

例三，仰泳出发后的起游技术。

①仰泳出发后，启动手在下，反海豚腿8~9次转换成仰泳腿游进。

②仰泳出发后，启动手在下，反海豚腿8~9次转换成仰泳腿游进，当鼻子接近水面约30厘米时划手，使身体露出水面并开始仰泳配合游。

注：为了在15米处出水，根据运动员的训练水平决定水下腿部动作的次数。

7. 充分利用相似技术动作技能正迁移的原理，提高技术训练效益

技能迁移是一种技能的学习对另一种技能的学习和应用产生影响的过程或现象。在进行技术训练时，相似技术动作正迁移和逐步增加难度的组合，可以更加有效地完成训练任务，提高训练效益。

局部组合训练适合有1~2年以上训练基础的运动员。

局部组合练习法，是根据四种姿势游泳技术的特点，把四种姿势技术归纳为长轴泳式（爬泳、仰泳）和短轴泳式（蝶泳、蛙泳），再按照技术动作结构相似的动作设计成新的动作进行局部练习，充分利用技术动作的正迁移效果，达到降低技术难度，提高、完善动作技能，进而提高训练效益的方法。

例一，爬泳腿和仰泳腿交叉安排，不仅能够促进技术的改进提高，还可以全面地发展肌肉力量，避免肌力发展不平衡的现象发生，延迟疲劳的出现，有利于提高承担运动量的能力。

爬泳和仰泳身体的转动，在使用核心力量划水的形式方面相似。

爬泳、仰泳交叉安排，或是在爬泳技术训练后，马上安排仰泳训练可以达到技术正迁移的效果。

例二，蝶泳和蛙泳呼吸形式相似、蛙泳长划臂和蝶泳划水路线相似，把这些相似的技术动作进行组合，达到相互促进，提高训练效益的目的。

蝶蛙组合（每次仅是一个重点）：

①蛙泳手爬泳腿。

第一步，蝶泳腿技术、蛙泳手技术。

第二步，蛙泳手和呼吸动作的配合。

②蛙泳长划臂手+爬泳腿。

注意蝶泳水下划水路线、划水加速与打腿的配合。

③蝶泳手+爬泳腿。

第一步，蝶泳呼吸。

第二步，空中移臂和入水。

第三步，头与肩的位置。

④蝶泳配合。

注意手腿配合。

⑤手臂流线型+蛙泳腿（三腿一手）。

第一步，蛙泳腿。

第二步，蹬腿发力，注意力的传导。

⑥手臂流线型+反蛙泳腿。

注意蛙泳腿部对抗肌练习。

⑦蛙泳手+爬泳腿。

注意蛙泳划手加速。

⑧蛙泳配合。

注意手腿减阻配合、滑行以及发力、节奏。

每个练习的具体要求：

①蛙手+蝶腿（3~4次蝶泳腿）。

- 蝶泳腿。提臀下打把力用到大脚趾尖，展髋直腿上抬，脚后跟露出水面。
- 蛙泳手。小指沿水面外划后高肘抱水，手掌撑住水加速内划，提气、耸肩、头上顶，夹肘前伸，把身体"前抛"，前伸后手臂呈流线型。
- 呼吸。内划加速使身体上升，头、颈、背成一条直线，嘴巴露出水面，眼睛看斜下方45度水面。手臂前伸呈流线型，后脑勺在水面附近。

②蛙泳长划臂手+爬泳腿。

- 蝶泳划水路线。外划后高肘抱水，然后内划，双手在肩下开始向后划水，腹下划水加速后向外、上、后推水，加速时用力打腿。回臂时，掌心贴近身体快速前伸。

• 呼吸。划水加速时嘴巴露出水面呼吸，肩膀在水面附近，手臂前伸时后脑勺在水面附近。

③蝶泳手+爬泳腿。

• 蝶泳空中移臂。双手置体侧，大拇指朝前，掌心沿水面前移至肩前，轻轻地入水。

• 蝶泳划水加速和爬泳腿的配合。划水至腹下时用力打腿。

• 呼吸。蝶泳划水加速，头部是脊柱的延伸，头、颈、背成一条直线，嘴巴露出水面，眼睛看斜下方45度水面，移臂至与肩平时头部前伸，眼睛看池底，肩膀去碰耳朵，大腿主动上抬。头与手臂同时入水，入水要轻。

④蝶泳配合。

• 第一次腿。手入水时打第一次腿，伸肩、压胸、提臀、腿下打，头和肩在水面附近。

• 第二次腿。划水加速推水时腿下打。下打后主动上抬大腿。出水移臂衔接圆滑。

• 两次蝶泳后，水面流线型滑行2~3秒。

• 蝶泳完整配合。

⑤手臂流线型+蛙泳腿（三腿一手）。

• 内"八"字脚收腿，小腿和脚躲在大腿后面沿水面收腿。脚后跟沿水面向后蹬腿。

• 按照打开髋关节—膝关节—踝关节顺序发力。当脚掌对准水时开始加速蹬水，甩动脚腕，把力用到大脚趾，两个大脚趾要相对。

• 加速蹬腿时，手臂沿水面前伸，伸肩时，用肩膀去碰耳朵。

• 节奏。慢收—快蹬—滑行。

⑥手臂流线型+反蛙泳腿。

主动收小腿，膝盖在水面附近，小腿和脚内侧加速蹬水，蹬水结束时要做到大脚趾相对和滑行。

⑦蛙泳手+爬泳腿。

• 划手加速。以爆发力加速内划，向前夹肘、肘关节接近水面。用力打爬泳腿使身体前冲，身体下降至后脑勺接近水面时，手指沿水面前伸，打腿滑行，需要强调的是，外划要宽，手在肘外，高肘抱水；肘关节要浅，前伸；肘关节要向前。肘关节的动作要点可概括为宽、浅、前。

- 节奏：划手加速（6次爬泳腿），滑行（12次爬泳腿）。

⑧蛙泳配合。

- 三腿一手。注意身体的流线型。
- 两腿一手。呼吸时身体上下的起伏要小。
- 一腿一手。注意动作节奏。
- 两手一腿。减少阻力，提高体能。

8. 课结构

按照技术训练的需要，一节课的训练计划，按照有利于技术动作的形成、巩固、提高来安排，而不是按照发展体能的目的制订训练计划。

例一，一节课内由两种姿势组成。

准备活动。

①爬：打腿；分解（学习、改进技术）；体能练习（巩固技术）。

②仰：打腿；分解（学习、改进技术）；体能练习（巩固技术）。

例二，准备活动。

①长轴泳式（或短轴泳式）的技术训练。

②体能训练。

五、基本技术过渡训练手段

过渡（衔接）练习的目的就是将已掌握的基本技术过渡到完整技术。它是将基本技术（局部）、基本技能（出发、转身、冲刺）和动作节奏逐步过渡到完整技术中的练习。有很多的孩子腿打得很好，就是用不到配合技术中去，除了通过教法步骤解决外，使用过渡组合训练手段也有助于很好地解决这个问题。

过渡练习有以下形式：

1. 打腿、分解、配合的组合练习

将打腿、分解和配合按一定的比例，如按3∶2∶1或2∶3∶1进行组合。

例如，24×25米，每种姿势安排6个25米练习，3个打腿练习，2个分解练习，1个配合练习。

2. 巩固性提高组合练习

（1）按照改进技术→体会、巩固技术→体能练习的顺序安排练习手段。

例一，12×25米爬泳基本技术组合练习。

例二，2×100米爬泳分解或配合，体会技术。

例三，4×200米计时爬泳。

（2）逐步增加配合游的距离，以进行比赛技术与体能相结合的训练。

例一，6×100米爬泳。

可采用：①100米分解；②75米分解+25米配合；③50米分解+50米配合；④25米分解+75米配合；⑤100米配合；⑥25米分解+75米配合的形式。

例二，4×25米蝶泳。

可采用：①6个蝶泳配合+分解；②7个蝶泳配合+分解；③8个蝶泳配合+分解；④增加至25米全部配合的形式。

3. 将划手技术过渡到配合中的练习

例一，爬泳、仰泳分解：单臂练习可按照：①持续一段距离的单臂；②1次左单臂，1次右单臂；③2～3次左单臂，2～3次右单臂。

例二，蝶泳分解：①1次左单臂，1次右单臂，1次双臂；②2次左单臂，2次右单臂，2次双臂。

4. 一段持续距离内腿、分解、配合的变化

例一，50米：15米自由泳腿+15米自由泳双手分解+25米自由泳。

例二，100米：25米自由泳腿+25米左单臂+25米右单臂+25米配合。

5. 速度变化练习

由慢→快，由快→慢→快，并逐渐累加快游距离来培养节奏、动员能力和比赛技术。

例一，100米：15米快游→20米慢游→15米快游+转身+15米快游→20米慢游→15米快游。

例二，15米潜泳→20米慢游→15米快游+转身→潜泳→慢游→从最后25米开始加速并做最后冲刺。

第二节　儿童游泳技术教学训练的计划安排与评价

一、制订训练计划的原则

（一）超负荷原则

训练刺激措施提供的训练量必须超过运动员之前所经历过的。这可以通过以下方式实现：

（1）训练强度（训练难度）；
（2）重复（完成量）；
（3）工作量（工作总量）；
（4）持续时间（训练持续时间）；
（5）休息调整（训练间歇时间）。

（二）渐进性原则

训练负荷必须逐步增加。短期内大幅增加训练量将导致身体不适。

（三）个体差异原则

同等训练强度下，个体反应有所不同。因此，必须考虑每个运动员的适应性以优化训练结果。

（四）特异性原则

训练速度，速度会提高，训练耐力，耐力会提高，训练过程中，身体的运动能力会在适宜负荷的刺激下逐渐增强。

（五）可逆性原则

训练停止时，训练的效果就会随之弱化。如果一段时间内忽视了某种训练，那么其受益性就会下降。因此，必须在一定程度上坚持训练，才能不断提高运动能力。

二、制订训练计划时要考虑的其他因素

（一）长期训练

体能素质的不断发展是提高训练效果的重要因素。短期训练或赛季性训练可能会带来即时的积极成果，但却极大地制约了运动员的潜力。

（二）适应性与压力

通常情况下，如果逐渐施加压力，那么身体会积极适应压力；如果激进式施加压力，那么身体就无法适应压力。对于运动员来说，除了训练带来的压力，还有许多其他因素，如学校、家庭、同龄人、营养和睡眠模式等。

（三）运动员的训练背景

首先要考虑运动员的训练经历、训练年限和运动员的年龄。运动员的训练背景将为他们的训练起点提供信息。训练目标的挑战性过高或过低都不是最佳选择，需要根据运动员的反应和教练员的观察及时调整训练和比赛的计划。

（四）团队的背景

团队每周应该训练多少次？团队成员会每天参加训练吗？如果有些运动员

缺训,那么教练员每天设计单一的训练点会使很多运动员错过提高的机会。在训练过程中,采用混合训练形式将确保每个运动员都接受适当的训练刺激。

(五)应加强什么类型的训练

实践证明,正确的训练方式是先从专注于技能的发展开始,然后逐渐提高低龄、低水平运动员的有氧训练能力。根据经验,对于初训运动员来说,速度训练的比例不应超过全部训练量的5%。

三、制订参赛计划

(1)要确定需表现出巅峰竞技能力的比赛日期。

一个赛季可以是一年,也可以是六个月或者是更短的时间。一个赛季或两个赛季计划也可被称为一个大周期。

(2)确定恢复期的长短。

运动员需要多长时间休息和调整,取决于运动员的年龄、经验、发育程度以及训练时间等相关因素,教练员的经验也会影响到计划的制订。一般来说,年轻的、较弱的、训练年限较短的运动员会需要较短的时间调整和休息,一般是几天到两周;年长的、强壮的、水平较高的则需要较长的时间。只有确定好恢复期所需时间后,才能确定有效训练时间。

(3)根据所剩时间,以六周为周期,分成不同的训练阶段。

一个有效的训练期是指一定要从机体适应中受益。一般来说,想要大幅度提高肌肉能力,大约需要六周。在制订计划时,可将时间段定为六周。这种方法可以提供有效的辅助手段以提高赛季内游泳运动员的身体素质。以一个为期3个月的赛季为例:9~12月,其中包括了两个训练阶段和一个短暂的恢复期。如果4~8月是一个漫长赛季,那么在这个过程中共有16~18周的训练期和恢复期,或者可以说是有近3个完整的训练阶段。

(4)确定每一个训练阶段的训练重点。

在确定训练阶段后,必须决定每一个训练阶段的训练重点。这并不意味着在一个训练阶段中只需完成一项任务(但有可能是整个训练期间的重点)。六周的中周期又可以被分成更小的小周期。小周期通常是一周,但也可以持续

4～10天。

四、儿童游泳基本技术教学训练周计划与课计划

（一）一、二年级基本技术训练周计划示例（表3-2-1）

表3-2-1　周计划示例

日期 时间	星期一	星期二	星期三	星期四	星期五	星期六	星期日
上午	4×50自腿（持板） 4×25自腿转头吸气（持板） 4×25自腿转头吸气（徒手） 4×25水下划手 4×25单臂划手 4×25前交叉分解 4×15快频配合 8×25配合 2×25放松 4×100自腿	4×50蝶腿（持板） 4×25侧蝶腿 4×25反蝶腿 4×15快速蝶腿（徒手） 4×25蝶单臂海豚泳 4×25蝶单臂海豚泳左右交替 4×25海豚泳配合交替 4×15蝶泳配合 8×50蝶腿（持板）	陆上训练：跳绳、跑步、腰腹、核心	4×50仰腿 4×25仰腿（顶瓶） 4×25仰腿、入水手型（顶瓶） 4×25仰腿、转动（顶瓶） 4×25单臂分解（顶瓶） 4×25交替（顶瓶） 4×15快速配合 8×25配合 2×25放松 8×50仰腿	陆上训练：腰腹、核心 8×50混腿 4×50蝶仰（分解和配合） 4×50仰蛙（分解和配合） 4×50蛙（自分解和配合）	岸上蛙泳模仿4×50蛙腿（持板） 4×25反蛙腿 4×25蛙腿、徒手 4×25蛙腿手放臀部上 16×25蛙分解 8×25蛙配合 2×25放松 8×50蛙腿	休息
	1400米	1200米		1400米	1550米	1000米	

注：自指爬泳，蝶指蝶泳，蛙指蛙泳，仰指仰泳，混指混合泳。

（二）三、四年级基本技术训练课计划示例（表3-2-2）

表 3-2-2　课计划示例

	重复	距离	练习内容及要求	负荷量	强度/RPE
准备部分	1个	100米	蛙泳腿，蹬夹、收腹	100米	8
	8个	25米	自由泳，持板打腿，10次腿1次吸气	200米	9
	8个	25米	自由泳，徒手单臂划手打腿，25米换手	200米	10
基本部分	10个	100米	混合泳	1000米	17
	10个	25米	自由泳，15米快腿长手，腿打密，手稳加速，10米正常冲刺到边	250米	14
	4个	50米	反蛙泳，头稳定，直臂压水	200米	8
	8个	25米	仰泳腿，头顶稳定器，小臂90度出水，平稳腿	200米	9
	4个	50米	仰泳单臂，头顶稳定器，6次腿1次转体划手	200米	12
	8个	50米	25米仰泳+25米蛙泳，强化转身	400米	14
	8个	25米	仰泳配合，15米技术+10米加速，头顶稳定器	200米	14
结束部分	4个	50米	仰泳配合，稳定加速，强调转体力量	200米	15
	2个	25米	蛙泳，2次腿拉长分解练习	50米	9

（三）游泳运动员用力程度评价

游泳运动员的用力程度感觉分数与运动中心率、摄氧量和血乳酸高度相关（$r=0.8 \sim 0.9$）。用力程度感觉分数从6~20，可以分别对应从60~200次/分的心率。这是为了方便大家使用。例如，如果用力程度感觉是13分，其对应的心率大约是130次/分。不过在使用时也不能生搬硬套，因为运动中心率也受到年龄、运动类型、焦虑程度和其他因素的影响。无论如何，用力程度感觉分数是一种简便易行的评价运动负荷、诊断疲劳程度的方法。考虑到它与其他生理指标（心率、乳酸和摄氧量）之间的密切关系、易于操作性、评价的及时性和低廉的成本，应该被更广泛地应用于运动实践，评价游泳运动员用力程度感觉可参照表3-2-3。

表 3-2-3　评价游泳运动员用力程度感觉表

6	非常非常轻松（仅能意识到）
7	
8	非常轻松（轻度）
9	
10	比较轻松（中度）
11	
12	有些吃力（中度）
13	
14	吃力（重度）
15	
16	
17	非常吃力
18	
19	非常非常吃力（接近最高）
20	最高

五、训练计划的实施

（一）训练与恢复

对于大多数教练员来说，小周期是指随着时间的推移，使身体机能得到恢复。训练和休息的合理配比对于运动员的进步至关重要。艰苦训练下所产生的疲劳和压力必须在休息期内得到最大限度的补偿。在某些极端情况下，运动员可能会出现过度训练、过度疲劳或免疫系统问题，唯一的康复办法就是停止一切训练。

对于年龄组运动员来说，需要24小时完全恢复之后才可以执行第二次中等强度以上的刺激。因此，可以安排2~4天为一个循环训练周期。假期集训时或高水平运动员每天可以安排两次训练。循序渐进地增加练习内容和强度，如增加新的练习内容时，从本月每周一次到下个月每周两次等。教练员应将距离、泳式、练习要求等变换组合的方式交替进行，为运动员的生理和心理提供不同的刺激。此外，还要关注学校、营养和压力等因素，这些都会影响运动员在训练中的表现。

下面列出了一些关于训练的建议：

（1）运动员的心率是判断哪个能量系统受到刺激的重要因素。

（2）游泳过程中，速度的高低会影响运动员的心跳的快慢。根据运动员心率以及他的休息时间，就可以判断是哪些系统受到刺激。

（3）速度训练应该在热身运动后立即进行。

（4）训练前应逐步进行热身运动。热身运动应包括游泳，以增加心率、提高呼吸速率、放松四肢等。游泳之前进行拉伸运动也有益于训练。教练员应该控制热身运动的强度及类型。

（5）为了刺激有氧系统，高水平游泳运动员的热身训练至少应持续20~30分钟。

（6）在主要训练后进行恢复训练和技能训练。

（7）训练结束时应进行调整和梳理训练，其中包括慢游和一些伸展运动以恢复身体机能。慢速游可提供恢复的时间。

这虽不是一套完美的方案，但在一定程度上可以作为训练指导。训练计划有时会有所不同，作为教练员不要害怕尝试。教练员要记录和追踪每次训练的数据，以确定在实际训练中的效果。应该注意的是，对于年龄组游泳运动员来说，技术指导在训练过程中至关重要，主要的技术训练应安排在热身运动后进行。此时，运动员可以全神贯注并能尽力完成。

（二）训练类型定义

训练期间的适应性取决于训练计划中的运动强度，训练持续时间以及两次训练间的休息时间。在这些因素中，休息比例和运动强度尤为重要。训练休息比是游泳运动员训练的时间和他们休息的时间之间的比例。在制订训练计划时，教练员首先要考虑运动员需要获得哪种类型的训练适应。这个决定将影响重复训练的次数，每组重复的训练时间以及训练强度。例如，如果教练员决定制订一套旨在发展耐乳酸能力的训练计划，那么首先要考虑的是这一套计划的强度将非常高。每次重复训练的时间间隔必须要短，在整个训练中，不需要太多重复训练的时间。

强度是一个连续的范围，它包括从比休息强度稍高一点的训练强度一直到竞技比赛中的最高比赛强度。为确保训练内容能科学地刺激目标（有氧耐力或耐乳酸能力），必须非常谨慎地选择训练强度。生理适应性通常对某些强度范围具有特异性，如改善有氧耐力的强度对于磷酸肌酸系统的能力几乎没有改善。

由于生理适应性是一个强度和持续时间的特定组合，每个生理适应范围都被称为一个训练类别。此外，每个类型又和在该类训练中最可能发生的主要生理适应或机械适应性有关。在特定类型的训练中，会有相应类型的适应性转移。例如，当运动员进行最大摄氧耐力练习时，主要是有氧代谢能力的改善。不过，这种类型的训练也能小幅提高有氧耐力和耐乳酸能力。

（三）其他建议

1. 优先考虑技术

很多时候，运动员虽然能够完成一个特别困难的训练内容，但可能违背了力学原理。例如，当他们训练到一半或者三分之一时，他们的划臂长度开始缩短，同时开始增加速度以努力维持规定速度。或许这样的训练方式并不是一个明智的选择。建议考虑停止运动员的这个训练。

许多教练员都不愿意在这样的情况下缩短训练的时间，因为他们担心如果在比赛结束前放弃训练，身体素质就会停滞不前或下降。试想一下，当技术动作受到如此严重的影响时会发生什么：游泳者缩短入水时间，缩短划臂距离以加快划臂频率，并改变划水路线，以应对局部肌肉疲劳。

随着划臂动作的改变，不同的肌肉群、不同的肌肉纤维、不同的运动模式都会发生改变。考虑到这些变化，当运动员继续运动时，实际训练的肌肉可能不会在比赛中使用。那么这个训练的目标可能无法实现。因此，教练员应该要求运动员在训练中保持适当的技术动作标准。当运动员多次无法保持规定的划臂速率，那么在下一次训练计划中可能需要保留更多的休息时间或降低训练强度。运动员在训练中应该知道他们的划臂次数，划臂次数的改变表明可能出现了问题，需要及时调整计划。

2. 采用推荐范围

教练员应该动态调整每组的训练强度规定在公认范围的中间。改变推荐范围内的重复距离，同时也会改变训练强度，因此，有时"建议强度"并不代表对所有运动员来说都是合适的。

3. 不要担心偶尔超出推荐范围

如果运动员偶尔做一些不符合特定训练类型推荐范围的训练，都会对身体产生新的刺激。例如，一般会将100米作为最大摄氧量耐力练习的最小重复值。然而，当从有氧基础阶段过渡到更激烈的比赛强度阶段时，使用75米或甚至50米的最大摄氧量耐力训练可能更有意义。

4. 每次训练着重于一个主要训练目标

不要试图在一次训练中涉及太多方面。教练员经常会尝试着设计不同强度的训练以尽可能避免训练的单调性。偶尔使用这个策略是明智的。但是，这种方法可能导致某些特定训练失去原有的效果。如果训练刺激减少，结果可能无法达到预期的效果。没有两个运动员是一模一样的，导致差异的原因多种多样。因此，在设计运动员的训练计划时，必须考虑若干因素。

（1）生物年龄。

这反映了运动员身体发育状况和成熟程度。一些运动员早熟，而有些运动员则是较晚发育。这是一个重要的因素，因为生物年龄决定了运动员最适合的训练类型。

（2）性别。

研究表明，尽管男性和女性进行相似的训练，但对训练的反应可能会有所不同。

（3）训练背景。

训练背景对于制订运动员的训练计划至关重要。有的运动员有氧能力很强，而有些训练水平较低的运动员在某些区域可能需要更多的训练刺激。

（4）运动员的身材类型。

虽然两名运动员同场竞争，但他们可能需要截然不同的训练计划。一个又高又瘦，而另一个运动员又矮又壮。他们的身体会对训练刺激产生不同的反应。高强度的有氧训练可能对其中一名运动员很适合。而对另一名运动员却可能造成身体和精神上的不适应。

（四）如何评价运动员的技术改进

成为一名高效率的教练员（教师），提高运动员的技术效果和游速是重要的评价指标。没有必要使用复杂的系统来完成，可以借助一些简单的工具，如测验成绩、秒表、教练员的经验、摄像机等。技术的改进是指能够在单位时间内和既定的距离，用比以前更少的动作次数完成。

1. 数动作次数

评价技术动作的一个最简单的方法就是让运动员数自己的划水次数。例如，如果是在25米的游泳池，某运动员用时19秒，做了27次动作，第二天同样用时19秒，但只做了23次动作，那么就可以说明技术进步，划水效果得到提高。接着再到下周，用时提高至18秒，只做了23次动作。这就是一个评价技术进步的过程。为什么我们要求运动员以更低的划频获得成绩的提高，因为更少的动作次数通常意味着更低的能量消耗，在比赛中，游泳运动员的能量消耗越低，意味着他们在最后冲刺阶段可能会保留有更多的能量，获胜的机会也会更大。

2. 划水效率

划频（SR）是划水周期或效率的指示器。它可以通过单位时间内完成一定数量的划水动作计算得出。对于前一种情况，我们将使用4个动作周期。

然而，动作周期通常是以分钟计算，有时以秒为单位或每秒的动作次数来表示。对于自由泳和仰泳运动员来说，划水效率通常由运动员自行测量。

每次游进的距离，在一个完整的动作周期中，运动员在水中游进的距离称为划幅（DPS）。

使用划频和划距的范例：

①测量4个（任意数量都可以）完整的动作周期。当运动员左食指入水时，开始看表，这是计数的开始，所以这次入水不计数。观察并计算入水动作次

数,并在第4次左手入水时停止观察。我们假设4个完整的动作耗时4.68秒,即:

$$4个动作循环=4.68秒$$

②将时间转换为每分钟动作次数。因为大多数文献和技术评价表给出的是每分钟的动作次数,因此我们将分钟作为单位。获得划水效率,时间为60秒,乘以4(因为我们测量了4个周期)来得到划水效率:

$$\frac{60秒}{1分钟} \times \frac{4次}{4.68秒} \approx 51次/分$$

③将时间转换为速度。假设游泳者以34.5秒的时间完成50米,将速度除以时间。

$$\frac{50米}{34.5秒}=1.44米/秒$$

④将每分钟的动作次数转换为每秒动作次数,以保证计算和测量的一致性。

$$\frac{51次}{1分钟} \times \frac{1分钟}{60秒}=0.85次/秒$$

注意:上述计算并不是必要的,知道4个动作周期为4.68秒,可以让你直观地了解每秒动作周期是多少。

⑤计算每次动作游进的距离,将速度除以时间。

$$1.44米/秒 \times \frac{1秒}{0.85次/秒}=1.69米/次$$

了解每个运动员的技术数据和划水效率有助于理解相关原则,有助于技术的改善,而且通过客观的测量也有助于证明运动员是否进步。

思考题:

1. 儿童游泳基本技术训练的核心是什么?
2. 简述儿童游泳技术训练的基本方法。
3. 不断强化正确动作是减少错误动作产生的最好方法,为什么?

第四章 年龄组运动员体能训练方法

章前导读：

训练时间不足是提高全面身体素质的最大的障碍。针对此问题，本章根据儿童生长发育和素质发展特点提供了一些方法和手段。这些动作简单、描述详尽，并有图片指导和注意事项提示，适宜儿童游泳运动员在泳池边或利用家庭作业等形式完成。

第一节 核心力量训练

在游泳运动中，核心力量不仅可以控制躯干部位的稳定，还可为上下肢运动创造支点，并协调上下肢的发力，使力量的产生、传递和控制达到最优化，并且在减少关节负荷、预防运动损伤以及运动损伤后的积极恢复都有着一定的效果。

这部分练习主要为了提高核心部位的力量和身体的平衡能力，对水中控制身体姿势有重要作用。这类练习可以在水上训练前在池边进行，重点是身体姿势的控制。它既可以根据运动员的训练水平设置时间或重复次数，也可以编排成操，重复练习。

一、徒手练习（核心、上肢、下肢）

1. 双肘双脚静力支撑加前后移动

（1）动作描述。
采用双肘、双脚作为支撑点做静力支撑，身体完全绷直保持与地面平行的

状态；静力之后可以加上前后的移动练习，在移动的过程中注意保持身体绷直并与地面平行。（图4-1-1）

图4-1-1

（2）练习作用。

依靠腹背肌群的持续稳定发力，来维持身体的平衡。

（3）注意事项。

膝关节伸直，下腹部发力，不要弓背塌腰；做前后移动时要如"抽屉"一样水平移动。

2. 单臂单膝支撑加屈伸

（1）动作描述。

单手与对侧膝关节作为支撑点，上身与地面保持平行，另外一侧的手、腿水平伸直。静力支撑之后接屈伸动作，屈时手肘与膝盖尽量靠拢，伸展时可做前后水平伸展，也可做屈肘屈膝向外、向后水平伸展。（图4-1-2）

图4-1-2

（2）练习作用。

动态的动作越丰富，对身体在运动中保持平衡的能力要求便越高；同时可以加强髋关节韧带和肩关节韧带的力量。

（3）注意事项。

注意不要塌腰，手、腿不要过高或过低，尽量保持水平。

3. 屈臂侧撑

（1）动作描述。

侧身位肘关节和双脚作为支撑点，身体绷直与地面呈"三角"状，腹斜肌发力的同时腹背肌也要持续绷紧发力，也可增加难度，即在保持静止的基础上抬起上侧腿做静止练习或上下摆动。（图4-1-3）

图4-1-3

（2）练习作用。

通过腹斜肌与腹背肌的协同发力练习，来达到维持身体稳定姿态的目的。

（3）注意事项。

肘和脚的支撑点要在一条直线上，整个身体与地面垂直。

4. 仰卧屈腿转动

（1）动作描述。

身体呈仰卧姿态，双臂伸直于头侧夹紧，双腿弯曲，屈髋至大腿与上身呈90度并保持住，然后下肢做左右摆动，摆动幅度尽量接近180度。（图4-1-4）

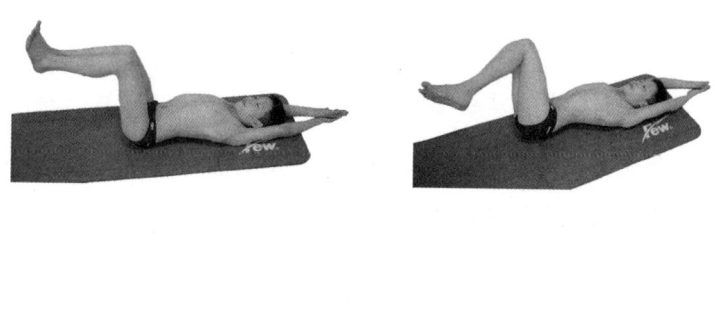

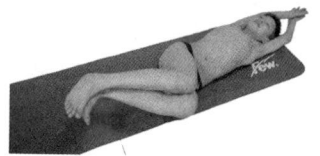

图4-1-4

（2）练习作用。

主要使腹肌和腹斜肌持续地进行交替发力，对于在水中需要进行躯干旋转发力的泳姿有较大帮助。

（3）注意事项。

在转体过程中上身尽量维持不动，双腿始终夹紧。

5. 仰卧双腿顶髋

（1）动作描述。

仰卧后双臂伸直于头侧夹紧，屈膝，小腿垂直于地面，髋部向上顶起至肩、髋、膝呈一条直线并保持住，可用脚尖或脚跟着地以增加难度。（图4-1-5）

（2）练习作用。

提高背肌、腰肌、臀大肌和大腿后侧肌群力量，锻炼维持身体平衡的能力。

（3）注意事项。

注意大腿不要过度分开，臀部不要下坠或向一侧倾斜。

图4-1-5

6. 仰卧单腿顶髋

（1）动作描述。

仰卧后双臂伸直于头侧夹紧，一腿屈膝，小腿弯曲垂直于地面，将髋部向上顶至肩、髋、膝呈一条直线并保持住。另一侧腿伸直与躯干保持水平，可做水平静止和上下、左右摆动，以增加难度。（图4-1-6）

图4-1-6

（2）练习作用。

提高背肌、腰肌、臀大肌和大腿后侧肌群力量，锻炼维持身体平衡的能力。

（3）注意事项。

注意大腿不要过度分开，臀部不要下坠或向一侧倾斜。

7. 仰卧屈臂直腿后撑

（1）动作描述。

双腿伸直双臂弯曲做支撑练习，要求全身绷紧并且尽量抬高身体位置，臀部离开地面越高越好，可以抬起一条腿增加难度。（图4-1-7）

（2）练习作用。

以背肌为主的支撑练习，发力点较为靠近肩部位置。同时可以锻炼到肩胛部位的力量以及大腿后侧肌群的力量。

（3）注意事项。

头与躯干呈一条直线，不要过分抬头或后仰，臀部不要下坠和向一侧倾斜。

图4-1-7

二、瑞士球训练

（一）稳定支撑

1. 腿手传球

（1）动作描述。

起始动作由仰卧位开始，在做腿手两头起腹肌练习的同时，双手传球给双腿，在控制球体平衡的前提下，返回起始动作，保持球不落地。（图4-1-8）

图4-1-8

（2）练习作用。

提高腰腹肌力，增强核心控制能力。

（3）注意事项。

全程手、肘、膝关节伸直抱球，两臂、腿在最高点交接瑞士球，然后返回起始姿势，做到快起、慢落。

2. 双人互传

（1）动作描述。

1人站立，1人仰卧，相距5～10米，练习者呈仰卧状态，双手抱球由头部前上方开始，在进行仰卧起坐练习的基础上，带动肩带和手臂完成头上抛球动作。站立位的同伴在胸前接球之后，再由胸前推球至练习者的头部前上方，练习者接球之后收紧腰背，减速后仰至起始位置。（图4-1-9）

图4-1-9

（2）练习作用。

增强练习的互动性和趣味性，强调躯干带动发力，提高动作控制的精度。

（3）注意事项。

练习者应注意根据自身力量调整头前传球的起始位置。力大者，可以举高，直臂抛球；力弱者，可以由胸前推球开始，逐步抬高手臂，逐渐增加肩部肌群的负荷。

3.反弹推球

（1）动作描述。

练习者面对墙壁，距离3～5米，对墙蹲起推球，在接到反弹球的瞬间屈肘、屈膝，引球下行至起始位置，借助肌肉的弹性持球蹲起，引球上行，手臂顺势发力推球，重复、连续完成推球和接球。（图4-1-10）

图4-1-10

（2）练习作用。

提高动作精度，在动态变化中找到最佳的发力角度和时机，不断提高手眼协调和快速反应能力。

（3）注意事项。

躯干收紧，推球的动力由下至上，接球的压力由上至下。

（二）半稳定支撑

1. 手撑球俯卧撑

（1）动作描述。

练习者两手撑球，支撑宽度与肩同宽，躯干保持平、直、稳定，两腿分开增大支撑面，在控球状态下，做俯卧撑5～8次。（图4-1-11）

图4-1-11

（2）练习作用。

激活躯干深层小肌群，提高肩带肌群的控制能力。

（3）注意事项。

根据练习者的实际能力调整两腿打开的宽度，初学者可两腿相距较宽以便于控制平衡，随着力量和控制能力的提高，可逐步减少两腿间距、提高手臂控制平衡的难度。

2. 脚撑球俯卧撑

（1）动作描述。

练习者呈俯卧姿势，两手相距略宽于肩，下肢位于瑞士球上，在控制球体

平衡的前提下，进行俯卧撑练习。（图4-1-12）

图4-1-12

（2）练习作用。

激活躯干深部小肌群，提高髋部肌群控制能力。

（3）注意事项。

练习者需要在练习过程中，始终保持肩部肌群和躯干肌群的适度紧张，可调整球的位置，支撑点越接近髋关节，难度越小，越接近脚尖，难度越大。同时，可以在球两侧放置软垫，防止练习者因控球能力不足导致的身体侧倾伤到脚踝和脚趾，初学者可以由同伴协助控制球的稳定，逐步提高身体的平衡能力。

3. 直膝收腹

（1）动作描述。

练习者俯卧位，小腿前侧置于球上，两手间距与肩同宽，平板支撑状态下，依靠收腹力量完成压肩提臀动作。（图4-1-13）

图4-1-13

（2）练习作用。

提高肩关节的稳定和柔韧性，在增强躯干控制能力的同时强化压肩提臀的意识。

（3）注意事项。

强调练习过程中肩关节的灵活控制，并与收腹动作相配合，关节活动范围在90度到180度之间。膝关节始终注意绷紧和伸直。

4. 屈膝收腿

（1）动作描述。

练习者俯卧位，两手撑地与肩同宽，手臂伸直与躯干呈90度，躯干保持平直，起始动作膝关节绷直，在保持平衡的同时屈膝收腹至小腹位置，保持2秒，在控制稳定的前提下再逐步伸展髋关节和膝关节，回到起始位置。（图4-1-14）

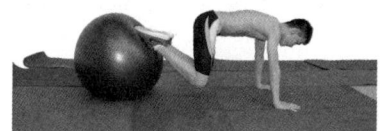

图4-1-14

（2）练习作用。

强化躯干在长轴和短轴两个轴向上的控制能力，对提高肩关节的稳定性有积极作用。

（3）注意事项。

练习者注意在收腹的同时保持头颈的平直，避免低头和提臀。

5. 跪姿推球

（1）动作描述。

练习者跪坐于球的后方，躯干保持平直，双手扶球，随身体重心的前移，球滚向前，双手扶球逐渐过渡至前臂和肘关节支撑于球体之上，在保持躯干平直的基础之上，在手臂下压与躯干控制的合力作用下，返回起始动作。（图4-1-15）

图4-1-15

（2）练习作用。

强化肩带肌肉和躯干的协同发力意识，增强水下动作力度。

（3）注意事项。

肩关节和髋关节的合力在完成整个动作的过程当中尽可能保持肩关节受力，避免拖肘动作的形成。

6. 靠球转体

（1）动作描述。

练习者后背靠球仰卧于球上，屈膝呈90度，腰腹收紧，使头、胸、髋、膝关节成一条直线。两手合十，手臂伸直上举，与身体躯干垂直，位于球体中点；在保持身体重心位于球体中点、控制平衡的同时，手臂随躯干侧转，做左右侧向转动。（图4-1-16）

（2）练习作用。

提高对身体纵轴的控制意识，强化躯干控制能力，对增强空间位置的本体感觉有积极作用。

（3）注意事项。

控制身体的重心于球的中点上，两腿膝关节在自身能力范围之内逐步靠拢，直至两腿并拢仍可以维持侧转的稳定。

图4-1-16

7. 抱球转体

（1）动作描述。

练习者双臂抱球俯卧于球上，收腹控腰，使躯干保持平直，两腿分开支撑于地面；在保持躯干平直的情况下身体侧倾，侧倾角度以能够返回起始位置为准。（图4-1-17）

（2）练习作用。

提升躯干用力的意识和力度，熟悉远端支撑发力点，强化手臂对抱球动作的体验。

（3）注意事项。

身体侧倾过程中，需避免用手支撑。应注意躯干对球的控制，从小幅度侧倾开始，在能力范围之内逐步增加侧倾角度。

正视　　　　　　　　　侧视

图4-1-17

8. 腿支撑瑞士球仰卧撑

（1）动作描述。

身体仰卧，手臂伸直，与肩同宽，支撑于地面，两腿伸直并拢，小腿和脚搭于瑞士球上，然后做手臂的屈伸练习。（图4-1-18）

（2）练习作用。

锻炼肱三头肌和肩胛部位及背部肌群。

（3）注意事项。

做动作时保持身体稳定。

图4-1-18

（三）无固定支撑

1. 仰卧瑞士球转体练习

（1）动作描述。

练习者的大腿和臀部支撑于瑞士球上，两臂弯曲放于后脑勺外，两腿伸直并拢，同伴压住练习者的脚踝处，使练习者身体平行于地面。然后，练习者做向左、向右转体练习。（图4-1-19）

（2）练习作用。

提高腹直肌和腹外斜肌的力量和控制能力。

（3）注意事项。

做上体转动时，胸、臂尽量展开；辅助者应固定住练习者双脚的位置。

图4-1-19

2. 俯卧瑞士球转体练习

（1）动作描述。

练习者大腿与髋部支撑在瑞士球上，两臂弯曲放于后脑勺处，两腿伸直并拢，同伴压住踝关节处，使练习者身体保持水平，然后做向左、向右转体练习。（图4-1-20）

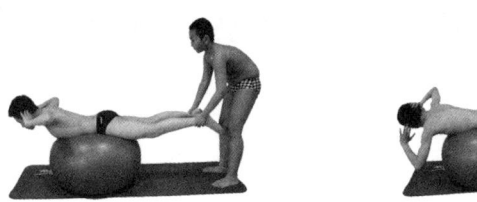

图4-1-20

（2）练习作用。

提高腰背肌肉的力量和控制能力,以及与腹肌协同发力的能力。

（3）注意事项。

做上体转动时,胸、臂尽量展开,辅助者应固定住练习者双脚的位置。

三、实心球训练

1. 下抛实心球

（1）动作描述。

双手手持实心球,踮足上举至最高点后,加速下推,砸向脚前30厘米处的地面,接球后重复进行。（图4-1-21）

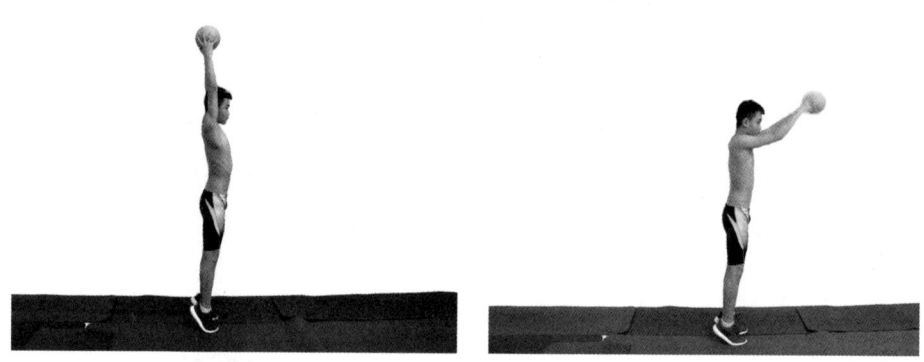

图4-1-21

（2）练习作用。

强化加速推水动作意识、提高加速推水动作的本体感受的敏感度、巩固上下肢与躯干整合发力的能力。

（3）注意事项。

身体姿势保持稳定，整个下推过程保持直臂，发力角度控制与推水方向应保持一致。

2. 持球纵跳

（1）动作描述。

双手持5磅（1磅约为0.45千克）左右的实心球，起始动作为上举流线型，手臂充分向上伸展，而后，手持实心球下落至两脚中间，在球不落地的情况下利用肌肉和韧带弹性，蹬腿提球至胸前，在举球过头的过程中完成垂直纵跳，下落时顺势屈膝缓冲，而后返回至"上举流线型"动作，重复进行。（图4-1-22）

图4-1-22

（2）练习作用。

提高利用肌肉弹性势能的能力，强化流线型动作意识，形成利用动力链发力的习惯。

（3）注意事项。

动作始终都要保持腰部收紧。起跳动作注意手臂与躯干呈一条直线垂直于地面。

3. 仰卧负重卷腹

（1）动作描述。

身体仰卧，膝、髋保持直角，双膝夹实心球，逐步升高髋关节，使臀部离地，当实心球到达头部上空时，身体回放至起始位置。（图4-1-23）

（2）练习作用。

提高腰腹肌群力量以及躯干深层小肌群参与臀和腿的发力和控制的能力。

（3）注意事项。

卷起高度和负重重量应逐步提高，控制好上抬的幅度和速度，避免砸伤。

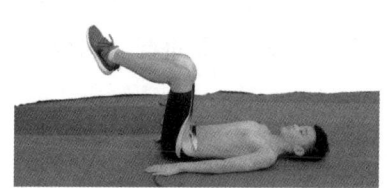 

图4-1-23

4. 颈后快推和胸前快速屈伸

（1）动作描述。

双手屈臂持球于颈后或胸前做肘部上下屈伸的运动，要尽量达到极限速度。（图4-1-24）

（2）练习作用。

主要提高肱三头肌和肱二头肌的极限速度力量。

（3）注意事项。

控制身体不要前后晃动，动作幅度不宜过大，主要注重速度及频率的提高。

图4-1-24

5. 单膝跪地击地传球

（1）动作描述。

单膝跪地后将球侧举至对侧时，通过身体的转动与手臂的协同发力将球击地传出。（图4-1-25）

（2）练习作用。

提高躯干与手臂协同发力的力量和能力。

（3）注意事项。

保持身体平衡，躯干带动手臂转动发力时保证身体稳定性。

图4-1-25

6. 双人贴身互推

（1）动作描述。

两人贴身站立后持球进行快速手臂对抗屈伸，速度要达到极限。双腿可以前后站立以保持平衡。（图4-1-26）

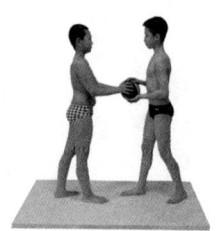 

图4-1-26

（2）练习作用。

胸大肌、背阔肌、斜方肌、肱三头肌、三角肌以及前臂的肌肉都可以得到锻炼，目的在于提高动作速度和爆发力。

（3）注意事项。

两人配合应默契，均为持续发力。

7. 仰卧侧转接球

（1）动作描述。

一个人屈腿做仰卧起坐，另一个人站立抛球。接球者仰卧坐起的同时，同伴将球抛传；接球后腹肌持续发力，直臂、侧身举球，将球慢慢倒地引向一侧；控制好身体，上半身和球不要着地，但又要尽量地接近地面。左右各一次交替抛球；可以控制抛向左右两侧的角度，注意掌握力度。（图4-1-27）

（2）练习作用。

提高腹肌和腹斜肌的力量，发展游泳技术所需的转动与核心控制能力。

（3）注意事项。

练习者接球后向后引球时，动作不宜过快，应保持腹肌持续发力；抛球时躯干与手臂应协同发挥出爆发力。

图4-1-27

8. 垂直提肘

（1）动作描述。

站姿，手持实心球或哑铃（3千克左右），一只手负重提拉，形成自由泳移臂的高肘动作，另一手臂自然下垂，在躯干滚动的惯性下，两手交替进行，每组12～15次循环动作。（图4-1-28）

（2）练习作用。

形成躯干带动肩部肌群的动作意识，提高肩关节周围肌群的力量，强化移臂时肩关节的空间位置感。

（3）注意事项。

身体围绕纵轴转动，肩关节的转动与躯干应保持一致，高肘动作形成时前臂垂直于地面。

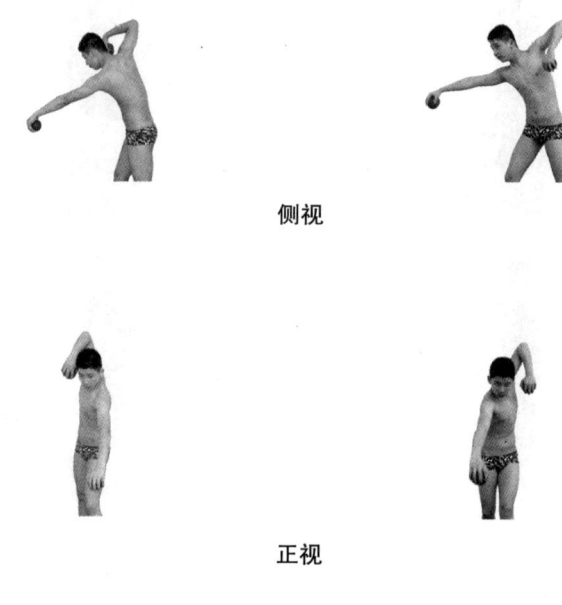

侧视

正视

图4-1-28

第二节 辅助带训练

一、全身抗阻力练习

（一）上肢非稳定支撑

1. 高肘跪起

（1）动作描述。

练习者跪立于距悬挂训练系统悬垂位置后方40厘米处，调整手柄高度，使手、肘、肩同高。发挥上下肢和躯干的合力作用，垂直提升身体重心的位置。（图4-2-1）

正视

侧视

图4-2-1

（2）练习作用。

强化高肘抱水动作的发力感，建立蝶泳推水与打腿合力的动作结构。

（3）注意事项。

练习初始阶段，可以利用屈髋下坐动作，辅助发力，随着力量的增强，可逐步减少屈髋下坐的幅度。

2. 仰卧上拉

（1）动作描述。

练习者仰卧于悬挂训练系统下方，将手柄高度调整为距身体大于一臂的距离，胸前剑突位于手柄正下方，双手抓握手柄，保持躯干和两腿收紧平直，以足跟为支点，将身体拉离地面，肩胛处肌群收缩至最大程度，保持2秒后，控制身体平直，返回起始位置。（图4-2-2）

（2）练习作用。

提高三角肌后束、大小圆肌、肱二头肌等负责上肢后拉、肩关节外旋肌肉的力量，以及躯干、下肢的协同用力程度和控制能力。

（3）注意事项。

练习过程中始终保持软垫位于后脑下方，拉起略快，返回起始位置的速度要慢。

侧视

正视

图4-2-2

3. 后倾蹲起

（1）动作描述。

将悬挂训练系统长度调至最长，手臂放松，双手抓握手柄，面向垂直点向后退至直立最远位置，手臂在TRX的牵引下抬至高于肩关节。双脚和双膝与肩同宽，重心后移完成蹲起动作。（图4-2-3）

（2）练习作用。

调整蹲起动作的用力方式，形成上下联动的用力意识。

（3）注意事项。

手腿用力的协调，促进合力意识的培养。

图4-2-3

4. 单腿蹲起

（1）动作描述。

调整悬挂训练系统长度使手柄与肩关节同高，在控制身体平衡的情况下，另一腿做连续的蹲起动作。（图4-2-4）

侧视

后视

图4-2-4

（2）练习作用。

提高动作稳定性的同时，增强腿部力量，促进核心控制能力的提高。

（3）注意事项。

练习始终需注意后腿支撑点是非稳定支撑，前腿蹲起的同时应兼顾前后左右的平衡。

5. 直立超人

（1）动作描述。

练习者手持手柄，跪立于悬挂训练系统前一臂距离处，调整TRX长度至手柄与肚脐同高。肘关节向外打开，形成抱圆姿势，保持肩关节稳定支撑，随躯干平板状前倾逐步增大肩关节与躯干间的角度。（图4-2-5）

正视

侧视

图4-2-5

（2）练习作用。

强化肩关节的稳定性，提高肩带远端受力能力。

（3）注意事项。

强调肩关节的受力程度，逐步增大身体前倾角度，控制动作的速度，感受肩关节不同角度时的压力变化。

（二）下肢非稳定支撑练习

1. 侧向静态支撑

（1）动作描述。

练习者侧卧位，以肘支撑，脚穿过悬挂训练系统套环，使悬挂训练系统垂直于地面，上臂与躯干呈90度角。练习者控制躯干和肩关节稳定15～45秒。（图4-2-6）

图4-2-6

（2）练习作用。

强化肩关节稳定性和身体侧面动力链机能。

（3）注意事项。

该练习可以由双腿非稳定动作开始，进阶为单腿、上腿内侧和下腿外侧非稳定动作。练习者可根据个人能力调节悬挂训练系统套环的位置，但初学者的套环位置应接近膝关节。

2. 仰卧静态支撑

（1）动作描述。

练习者仰卧于悬挂训练系统下方，脚穿过套环，并使悬挂训练系统垂直于地面。收紧臀大肌和下背部肌群，抬高髋关节位置并保持膝关节伸直15～45秒。（图4-2-7）

图4-2-7

（2）练习作用。

针对展髋肌群力量，提高两腿直腿下压意识，为仰卧单腿支撑和仰卧勾腿动作奠定基础。

（3）注意事项。

练习者可以根据自身力量情况选择采用双腿或单腿悬吊。

3. 仰卧勾小腿双腿、单腿、振动

（1）动作描述。

练习者仰卧于悬挂训练系统下方，前脚掌穿过套环，并使悬挂训练系统尽量垂直于地面。在收紧臀大肌和下背部肌群的基础上收小腿，使足跟靠近臀部然后慢慢伸展腿部，而后返回起始位置。（图4-2-8）

（2）练习作用。

提高大腿后群肌力和躯干的控制能力。

（3）注意事项。

练习过程中注意髋关节位置的保持，随控制能力的提高，可以提高动作完成的难度，可通过单腿练习提高负荷。

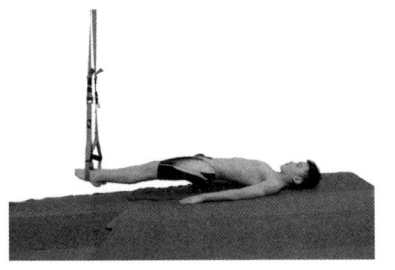

图4-2-8

4. 直膝收腹

（1）动作描述。

手柄高度与膝同高，练习者俯卧，双脚穿过套环，双手支撑地面，使手臂与躯干间呈直角，悬挂训练系统与地面垂直。在保持躯干稳定的前提下，做伸直膝关节的收腹动作，腹肌收至最大限度，保持躯干控制稳定后返回起始位置。（图4-2-9）

正视

侧视

图4-2-9

（2）练习作用。

提高躯干短轴转动力量，对蝶泳、蛙泳的前扑动作意识有积极的促进作用。

（3）注意事项。

突出压肩提臀，当收腹至最高点肩关节与躯干成一线时，保持2秒。

5. 屈膝收腿（正向、左右收腿）

（1）动作描述。

手柄高度与膝同高，练习者俯卧，双脚穿过套环，双手支撑地面，使手臂与躯干间呈直角，悬挂训练系统与地面垂直。在保持躯干稳定的前提下，做屈膝收腿动作，膝关节收至胸前达最大限度，控制稳定后返回起始位置。（图4-2-10）

正视

侧视

图4-2-10

（2）练习作用。

提高躯干短轴与长轴的综合作用，对团体转身的速度有益，对肩关节的稳定有积极的促进作用。

（3）注意事项。

突出对躯干的控制能力，在收腹、收腿的过程中保持躯干平直，髋关节不因收腿动作起伏，在收至最大限度时保持2秒。

二、牵引带

牵引带（皮条）训练是一种池边陆上练习手段，所应用的时间不长，但对提高游泳项目的小肌肉群力量和保护肩袖有着很好的效果。自引进后，国内专业游泳项目的运动员纷纷尝试，并从中受益。所谓肩袖是指冈上肌、冈下肌、小圆肌和肩胛下肌这四块肌肉，因为它们像肩部的袖子一样包裹肩部，又叫肩胛旋转袖，对肩关节的功能和稳定性起着极其重要的作用。

在游泳项目中，肩部是众多运动环节中最重要的关节之一，发展其周边小肌肉群力量可以起到保护肩关节的作用，辅助完善技术，加强体能储备并进一步提高肩关节整体的能力，以下介绍几种小肌肉群力量的练习方法。

1. 单臂屈肘向内拉伸

（1）动作描述。

侧身站立后，近侧手臂握住皮筋一端，手肘弯曲90度做向内拉伸动作。（图4-2-11）

（2）练习作用。

锻炼肩袖肌群力量，保护肩关节。

（3）注意事项。

要以肩关节为轴，控制动作速度不要过快。

图4-2-11

2. 单臂屈肘向外拉伸

（1）动作描述。

侧身站立后，手臂握住皮条一端，手肘弯曲90度做水平向外拉伸动作。（图4-2-12）

图4-2-12

（2）练习作用。

锻炼肩袖肌群力量，保护肩关节。

（3）注意事项。

要以肩关节为轴，肘关节贴紧身体，动作速度放缓。

3. 单臂屈肘向前拉伸

（1）动作描述。

背对皮筋站立，上臂与肩平行，前臂垂直于地面，屈肘至90度，握住皮筋一端，以肩关节为轴做旋转动作至前臂呈水平位置。（图4-2-13）

图4-2-13

（2）练习作用。

锻炼肩袖肌群力量，保护肩关节。

（3）注意事项。

身体不宜过分前倾，控制动作速度不要过快。

4. 单臂屈肘向后拉伸

（1）动作描述。

身体保持直立姿态，将一端皮条固定，握住皮筋另一端，上臂与肩平行保持不动，屈肘呈90度，做向后拉伸动作。（图4-2-14）

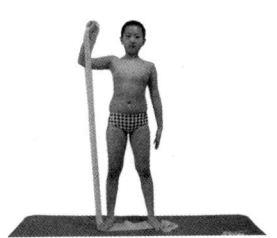

图4-2-14

（2）练习作用。

锻炼肩袖肌群力量，保护肩关节。

（3）注意事项。

要以肩关节为轴，控制动作速度不要过快。

5. 直臂向后拉伸

（1）动作描述。

身体呈直立姿势，手握皮条，另一端固定在同侧手臂正前方，做向后拉伸动作。（图4-2-15）

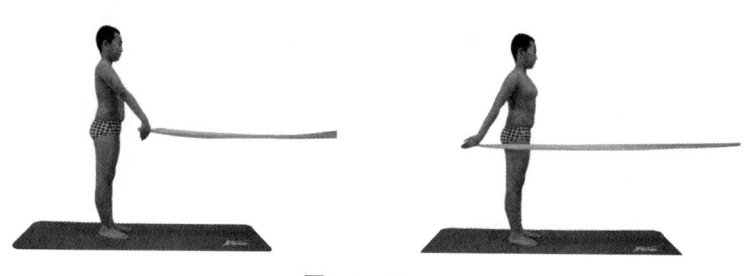

图4-2-15

（2）练习作用。

主要锻炼肩袖肌群、三角肌和肱三头肌的力量，保护肩关节。

（3）注意事项。

要以肩为轴，控制动作速度不宜过快。

6. 直臂向前拉伸

（1）动作描述。

背对皮筋站立，单臂握住皮条一端做直臂向前拉伸动作。（图4-2-16）

（2）练习作用。

锻炼肩袖肌群和三角肌的力量，保护肩关节。

（3）注意事项。

以肩为轴，控制动作速度不要过快。身体保持直立状态不要晃动。

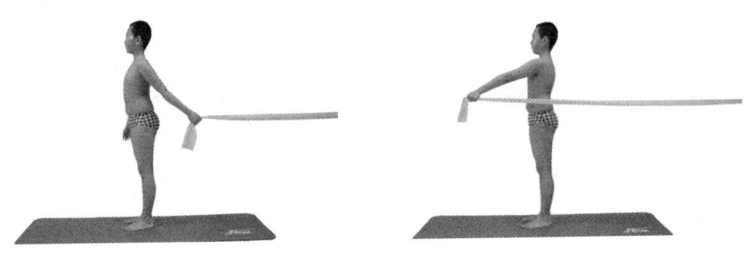

图4-2-16

7. 对角线直臂拉伸

（1）动作描述。

皮条固定在脚下一端之后，对侧手臂握住皮条一端，向对角线做拉伸动作。（图4-2-17）

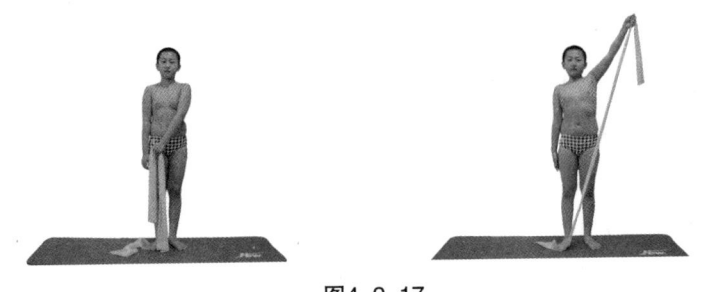

图4-2-17

（2）练习作用。

锻炼肩袖外侧肌群和三角肌的力量，保护肩关节。

（3）注意事项。

手臂不可弯曲，控制动作速度不要过快，身体保持直立状态。

8. 直臂同侧拉伸

（1）动作描述。

皮条固定在脚下一侧之后，同侧手臂握住皮条一端于体侧做向上拉伸动作。（图4-2-18）

图4-2-18

（2）练习作用。

锻炼肩袖内侧肌群和三角肌的力量，保护肩关节。

（3）注意事项。

避免肘部弯曲，控制动作速度不要过快，身体保持直立状态。

9. 手臂上举屈伸

（1）动作描述。

皮条固定在一侧脚下，同侧手臂握住皮条一端，肘关节呈90度平举至肩关节水平位置，做屈伸动作，注意上举时手臂要伸直，控制动作速度不要过快。（图4-2-19）

（2）练习作用。

锻炼肩袖肌群及肩关节周边连带小肌群的力量。

（3）注意事项。

向下时上臂保持水平位置呈90度，肘关节与肩平行。

图4-2-19

10. 单臂屈肘上抬

（1）动作描述。

皮条固定在脚下一侧，手臂初始状态应使肘关节呈90度弯曲，上臂抬至胸前呈水平姿态对侧手臂握住皮条保持弯曲角度，抬至与头顶平齐。（图4-2-20）

图4-2-20

（2）练习作用。

锻炼肩袖群肌肉，保护肩关节。

（3）注意事项。

肩部发力，身体保持直立，动作不宜过快。

11. 双手直臂对角线转体拉伸

（1）动作描述。

皮条固定在身体斜下方，双手紧握皮条，从固定端沿对角线直臂向斜上方拉伸。（图4-2-21）

（2）练习作用。

锻炼上肢与核心肌群力量，发展躯干各肌肉的协调性与稳定性。

（3）注意事项。

手臂与躯干协调发力，避免躯干弯曲，沿身体纵轴转动，动作速度不宜过快。

图4-2-21

12. 水平直臂转体

（1）动作描述。

皮条固定在身体一侧，双手直臂前伸，沿身体纵轴向异侧水平方向做转体动作。（图4-2-22）

图4-2-22

（2）练习作用。

锻炼核心肌群，提高身体核心稳定性。

（3）注意事项。

手臂保持在身体正前方并与地面平行，手臂与躯干整体转动。

13. 屈臂抱水

（1）动作描述。

俯身屈髋，双臂前伸，模仿水下抱水技术动作。（图4-2-23）

图4-2-23

（2）练习作用。

强化高肘抱水技术，体会胸大肌与背阔肌的牵拉感觉，避免形成错误的技术动作。

（3）注意事项。

背部挺直，抱水时上臂不要下压，肘关节处于高点。

14. 屈臂推水

（1）动作描述。

屈腿，上半身前倾，双臂屈肘位于体侧并于肋间夹紧，模仿推水技术动作。（图4-2-24）

图4-2-24

（2）练习作用。

强化推水技术，体会肱三头肌与背阔肌发力感觉，避免技术动作变形。

（3）注意事项。

身体要保持稳定，动作完成要到位。

15. 跪姿前臂上翻

（1）动作描述。

身体以跪姿立于垫上，双手紧握皮条，上臂抬平后上翻前臂。（图4-2-25）

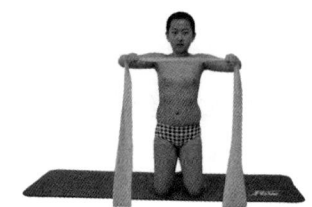

图4-2-25

（2）练习作用。

加强肩胛部位灵活性与力量，提高背部与大腿后部肌群力量。

（3）注意事项。

注意肩胛与背部后群肌肉持续发力，保持动作稳定，动作放缓。

16. 直立肩胛内收

（1）动作描述。

身体保持直立，腹背肌收紧，两手紧握皮条向外伸展。（图4-2-26）

（2）练习作用。

加强肩胛灵活性与力量。

（3）注意事项。

肘关节贴紧身体，两手持平，动作保持稳定，动作速度放缓。

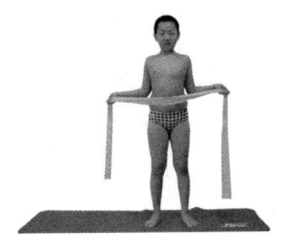

图4-2-26

17. 直立直臂下拉

（1）动作描述。

身体保持直立，双手紧握皮条，臂伸直举过头顶后屈肘下拉。（图4-2-27）

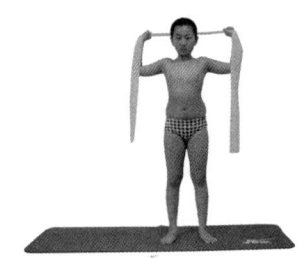

图4-2-27

（2）练习作用。

加强肩胛部位的灵活性与力量。

（3）注意事项。

运动过程中肩胛部位始终保持收紧，体会肩胛部位的收缩过程，动作保持较慢速度。

18. 直立上臂外拉（背姿）

（1）动作描述。

身体保持直立，双手在身后紧握皮条，外拉与内收时保持肩胛持续发力。（图4-2-28）

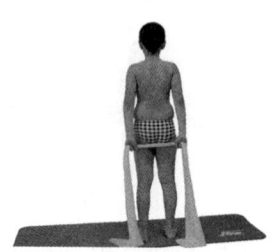

图4-2-28

（2）练习作用。

加强肩胛的灵活性与力量以及上臂的能力。

（3）注意事项。

控制动作幅度，放缓动作速度，体会肩胛的收缩过程。

19. 直立上臂外拉（背姿）

（1）动作描述。

身体保持直立，双手紧握皮条举过头顶，直臂向外拉伸。（图4-2-29）

（2）练习作用。

加强肩胛的灵活性与力量以及与上臂的协调能力。

（3）注意事项。

保持动作稳定，外拉幅度不宜过大，体会肩胛收缩的过程。

图4-2-29

20. 直立上臂前伸

（1）动作描述。

身体保持直立，一只手叉腰固定皮条，另一只手紧握皮条直臂前伸。（图4-2-30）

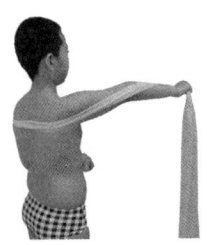

图4-2-30

（2）练习作用。

加强肩胛灵活性与力量以及与上臂的协调能力。

（3）注意事项。

始终保持身体直立，尽量增加肩胛运动幅度，动作速度放缓，体会肩胛的收缩过程。

21. 直立肩胛内收（双人配合）

（1）动作描述。

两人配合，一个人固定皮条，另一个人拉紧皮条做肩胛伸展练习。（图4-2-31）

图4-2-31

（2）练习作用。

加强肩胛灵活性与力量。

（3）注意事项。

肩胛外展与内收的动作幅度要大，速度放缓。

22. 直立上臂外展（双人配合）

（1）动作描述。

两人配合，一个人固定皮条，另一个人双手紧握皮条，于上臂伸直向身体侧上方做外展动作。（图4-2-32）

图4-2-32

（2）练习作用。

加强肩胛灵活性与力量。

（3）注意事项。

外展时，身体保持直立，动作放缓，手臂伸直。

23. 直立上臂后拉（双人配合）

（1）动作描述。

两人配合，一个人固定皮条，另一个人双手紧握皮条后上臂后拉。（图4-2-33）

（2）练习作用。

加强肩胛灵活性与力量，帮助其提高运动能力。

（3）注意事项。

后拉时注意力集中于肩胛部位，臂始终伸直，身体保持直立。

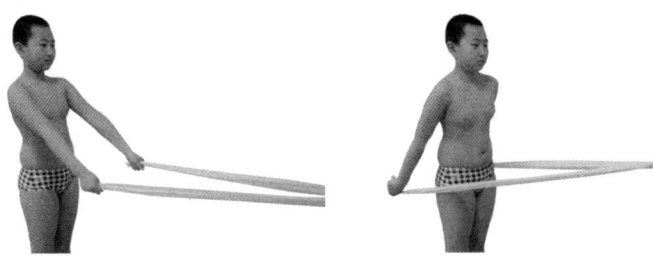

图4-2-33

24. 踝关节内收

（1）动作描述。

俯卧于垫上，皮条缠绕于一侧脚，小腿抬起至与大腿夹角约90度后踝关节发力使皮条拉紧。（图4-2-34）

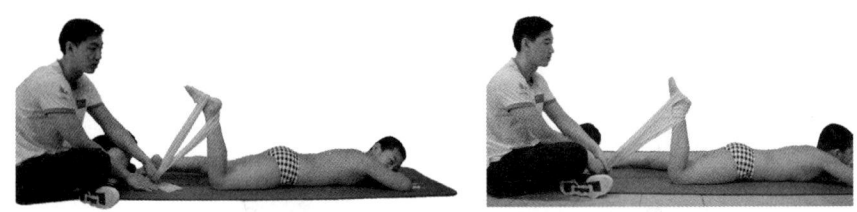

图4-2-34

（2）练习作用。

加强踝关节处小肌群力量，使其不易受伤。

（3）注意事项。

大腿后群肌肉要协调发力，脚踝始终绷紧。

25. 加强流线型

（1）动作描述。

直立状态下，脚踩弹力带一端，手持弹力带另一端经后背牵引至头顶上

方，呈流线型状态，利用弹力带的弹性，完成伸展和放松的交替运动。（图 4-2-35）

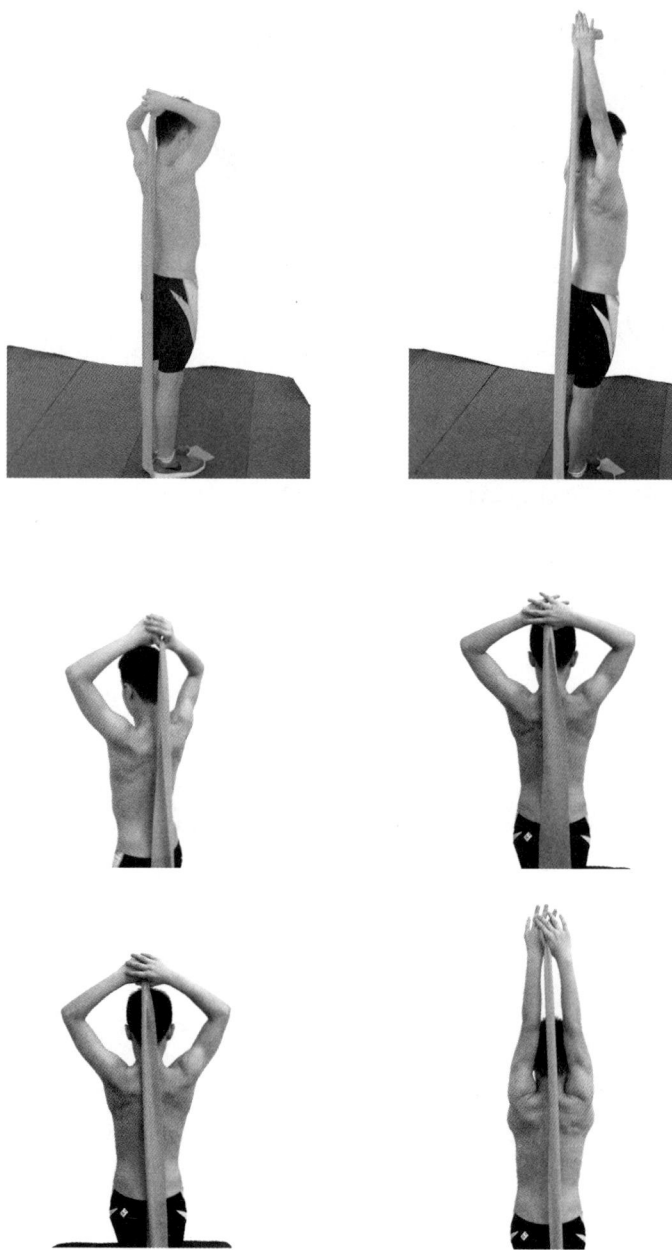

图4-2-35

（2）练习作用。

加强肩关节保持流线型姿势的动作意识。提高肩胛部各肌群间的协调配合能力。

（3）注意事项。

弹力带的选择要因人而异，并根据实际情况及时调整长度。弹力带应从身体后方经过，避免弹伤眼睛。躯干控制和肩关节伸展放松应同步。

第三节 放松牵拉训练

一、泡沫轴

泡沫轴作为一种训练工具，已被越来越多的运动队、学校、医院及私人健身会所等列入训练装备列表中。本节将向您介绍以泡沫轴为主要训练工具的"自我筋膜放松训练"及"核心稳定性训练"两项实用训练技术，通过阅读本节并逐一实践文中所涉及的各种训练动作，您将能够利用这一种物美价廉的训练工具得到一种全新的训练体验。

（一）自我筋膜放松（SMR）

1. 自我筋膜放松的概念

练习者利用其自重及与泡沫轴相互作用产生的压力施加于自身的肌肉及筋膜等软组织上，使练习者过于紧张的肌肉及筋膜得到放松的伸直训练方式称为自我筋膜放松。泡沫轴作为一项运动按摩工具可以带来很多的好处。它不仅能舒展肌肉和肌腱，还能拆散软组织粘连和疤痕组织，释放肌筋膜和收紧的肌肉，打破触发点，缓解紧张筋膜，同时增加血液的流动和软组织循环。

2. 自我筋膜放松训练的意义

（1）纠正肌肉力量的不平衡。

（2）改善关节活动度。

（3）增强神经、肌肉有效性。

（4）维持良好的肌肉长度。

（5）减轻对关节的压力。

3. 自我筋膜放松训练的原理

自我抑制原理是自我筋膜放松技术主要利用的生理学原理，利用泡沫轴及练习者自身体重在肌肉上产生一定压力，使肌肉张力增加从而激活肌肉存在的感受肌张力变化的感受器——高尔基腱器官。高尔基腱器官的活跃进一步抑制肌肉中的另一感受肌肉长度变化的感受器——肌梭。最终减小肌肉的收缩程度，使肌肉获得放松。

4. 自我筋膜放松技术训练指引

（1）将需要进行放松的肌肉置于泡沫轴上，利用自身体重反复在泡沫轴上缓缓进行滚动1~2分钟。

（2）滚动过程中如果有疼痛的感觉，应在疼痛点上停留20~30秒，直到疼痛程度下降50%~75%。

（3）在训练过程中保持腹部收紧（肚脐收向脊柱），以确保在动作过程中核心部位的稳定。

（4）在动作的过程中保持正常呼吸，不要憋气。

（5）可在每次训练的热身及整理部分插入此练习。

5. 泡沫轴分类

（1）精英型泡沫轴。

此类泡沫轴为泡沫材质，质地坚固耐用。圆柱型泡沫轴可以帮助使用者进行自身筋膜放松与治疗。半圆型泡沫轴可以进行平衡与稳定性训练。（图4-3-1）

图4-3-1

（2）扳机点泡沫轴。

此类泡沫轴专门针对扳机点的独特设计。棱式设计更能有效打碎疤痕组织、缓解疼痛。闭孔材料制成，易清洗。（图4-3-2）

图4-3-2

（3）多密度泡沫轴。

此类泡沫轴有独特的空心设计，硬质内芯，在使用时连续反复挤压，不变形。不同宽度的棱式设计，可对全身几乎所有的大小肌肉群进行放松，适合于各种核心训练。（图4-3-3）

图4-3-3

6. 常见肌肉（群）的自我筋膜放松技术介绍

（1）部位：斜方肌。

①仰卧于泡沫轴上。

②泡沫轴位于斜方肌下方。

③缓缓滚动1～2分钟。（图4-3-4）

图4-3-4

（2）部位：背阔肌、肱三头肌。

①身体侧卧在泡沫轴的凸面，伸出手臂将泡沫轴置于腋下。

②轴凸面向上，在疼痛处停留片刻，返回并重复，这样可以准确地找到需要按摩的肌肉。

③使泡沫轴在肱三头肌至背阔肌范围内缓缓滚动1～2分钟。（图4-3-5）

图4-3-5

（3）部位：梨状肌、臀大肌、臀中肌、臀小肌。

①坐于泡沫轴上。

②目标放松部位所在腿抬起，盘于支撑腿上。

③缓缓滚动1～2分钟。（图4-3-6）

图4-3-6

(4) 部位：髂胫束。
①以肘撑地侧卧于地面，泡沫轴位于下腿外侧。
②上腿弯曲支撑身体，下腿伸直。
③自髂骨起至膝关节止缓缓滚动1～2分钟。（图4-3-7）

图4-3-7

(5) 部位：背阔肌。
①斜侧卧于地面，泡沫轴位于接近地面的背阔肌下方。
②缓缓使背阔肌在泡沫轴上滚动1～2分钟。（图4-3-8）

图4-3-8

（6）部位：臀大肌。

①双膝弯曲坐于泡沫轴上。

②在泡沫轴上缓缓滚动1～2分钟。（图4-3-9）

图4-3-9

（7）部位：腓肠肌、比目鱼肌。

①双腿伸直坐于地面，泡沫轴位于身下。

②使泡沫轴从膝关节至踝关节缓缓滚动1～2分钟。（图4-3-10）

图4-3-10

（8）部位：腘绳肌。

①双腿伸直坐于地面，泡沫轴位于大腿后侧。

②使泡沫轴在臀部及膝关节之间缓缓滚动1～2分钟。（图4-3-11）

图4-3-11

（9）部位：股四头肌。

①俯卧，肘撑于地面，泡沫轴位于大腿前侧下方。

②使泡沫轴在髌骨与膝关节之间缓缓滚动1～2分钟。（图4-3-12）

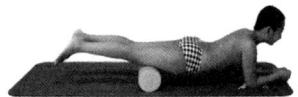 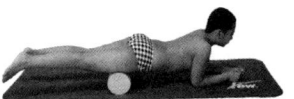

图4-3-12

（10）部位：下背部肌群（竖脊肌、腰大肌、腰方肌等）。

①仰卧，双臂外展位于身体两侧，双膝微屈，泡沫轴位于腰椎下方。

②使泡沫轴在腰椎范围内缓缓滚动1～2分钟。（图4-3-13）

图4-3-13

二、柔韧牵拉

柔韧牵拉练习的主要目的是提高关节的活动幅度，从而延长划水路线，减少移臂或打腿时身体的摆动，减少肌肉内的阻力，降低能量消耗，提高游速。为避免伤害，在牵拉时动作应缓慢轻柔，慢起慢停。每次游泳训练前、后和力量练习前、后都应该进行牵拉练习，帮助肌肉伸展，消除疲劳。

1. 肩关节

练习1：趴在地面上，面向前，肩胛骨固定，将手臂从背后整体向前按压，切勿过度用力伤到肩部。（图4-3-14）

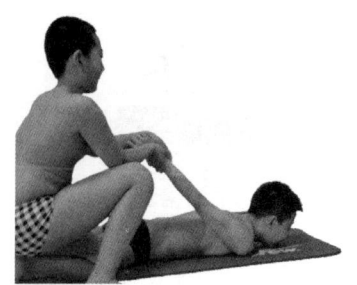
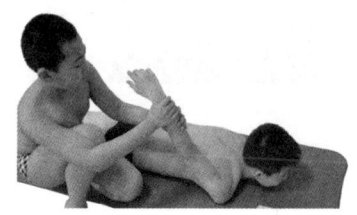

图4-3-14

练习2：反转手臂，将手肘顶在地面上使肩胛骨立起。大拇指由脊柱中心向外侧揉压。（图4-3-15）

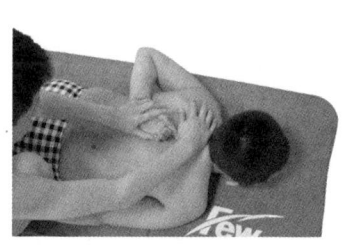

图4-3-15

练习3：肩部向后弯折，手肘弯曲使双手手心在腰后交叉。做此动作时若手肘能够轻易碰到，可向肩膀的方向慢慢移动双手，以增大受训者的扩胸幅度。（图4-3-16）

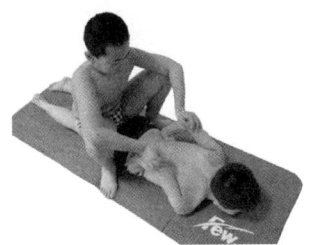

图4-3-16

练习4：双臂伸直，交叉于背部，同时保持手心向前。肩部僵硬者可在腰部位置做此动作，肩部柔软者可尽量将手臂位置向头部移动。（图4-3-17）

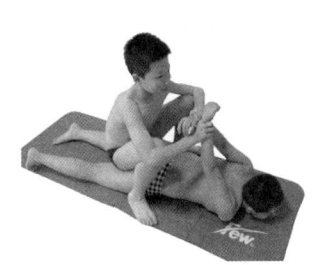 

图4-3-17

2. 内收肌（外旋动作）和外收肌（内旋动作）

伸展股关节的内收肌肉与外收肌肉。协助者用掌心适度大范围按压，固定骨盆尽量紧贴地面，膝盖向外打开（外旋），再将膝盖向大腿里侧按压，锻炼大腿外侧的肌肉和韧带。（图4-3-18）

图4-3-18

3. 臀部肌肉

锻炼臀部肌肉。膝盖弯曲，按压大腿使其前侧紧贴胸部。协助者按住另一侧膝盖避免抬起。（图4-3-19）

接着，上腿外展，同时伸展内收肌。（图4-3-20）

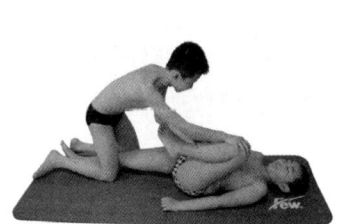
图4-3-19

图4-3-20

4. 大腿后侧肌腱

伸展大腿后侧肌腱。伸直一侧膝盖，（由协助者）慢慢抬腿，同时握住脚心伸展大腿后侧肌腱。尽量保持另一条腿与地面持平。（图4-3-21）

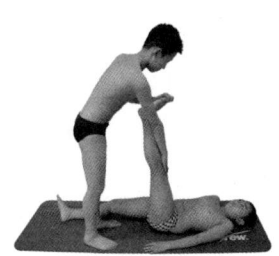
图4-3-21

5. 头部

颈部进行360度旋转，在不碰触肩部的前提下，（由协助者）帮助进行前后的头部运动。（图4-3-22）

图4-3-22

6. 股关节的内旋

俯卧，大腿收紧，从膝盖处弯曲至90度，同时脚尖也保持90度弯曲。协助者握住脚跟慢慢向外打开直到盆骨内侧感到些许疼痛时方止。（图4-3-23）

图4-3-23

7. 跟腱

俯卧，一侧膝盖弯曲至90度，协助者用掌心包裹脚跟固定，用手肘下压脚趾尖以伸展跟腱。（图4-3-24）

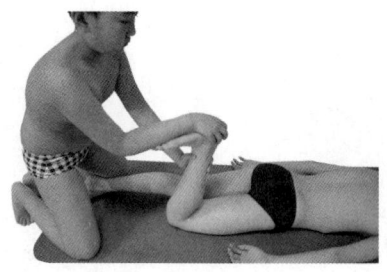

图4-3-24

8. 肩部

练习1：手臂在头后弯曲，由协助者向后压手肘至肩部反方向直至脑后。头部向下压，使后背肌肉得到伸展。（图4-3-25）

练习2：手肘伸直，上臂放在下颚下方，协助者用自己的腿顶住后背，将手肘稍微向上抬起，再将手腕向胸部挤压并拉伸。（图4-3-26）

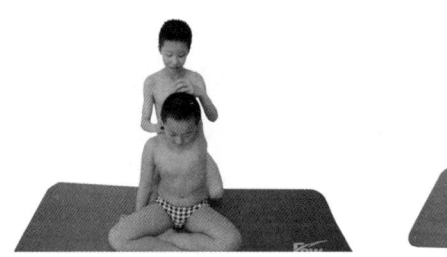 

图4-3-25　　　　　　　　图4-3-26

9. 胸部和后背肌群

练习1：双手相握，协助者将其双臂向上举起成流线型。肩胛骨在背后收紧的同时注意两肩与双臂夹紧头部。（图4-3-27）

练习2：双臂向上展开呈45度角，挺胸肘部伸直，感受后背肌群向上伸展。协助者握住肘部稍下位置，轻微将其向后上方拔引。（图4-3-28）

图4-3-27　　　　　　　　图4-3-28

10. 脚尖和膝盖

练习1：上身正坐，弯曲脚尖，抬高膝盖。脚趾尖尽力弯曲，像在划水一般。（图4-3-29）

练习2：此为非正坐姿势，脚踝呈90度弯曲，脚趾尖向外，臀部紧贴地面坐好。（图4-3-30）

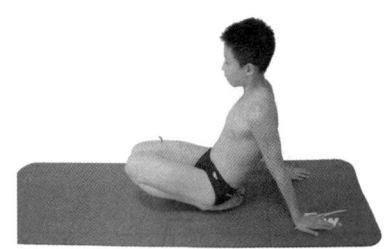
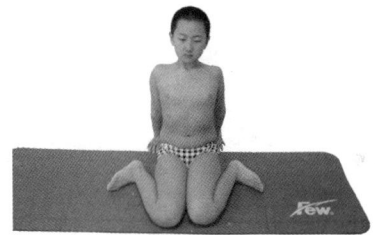

图4-3-29　　　　　　　　图4-3-30

11. 前臂

手臂肘关节尽量伸展，手腕弯曲。手掌向前时则伸展前臂的屈肌，若手背向前则伸展伸肌。游泳后前臂易疲劳，须仔细热身。（图4-3-31）

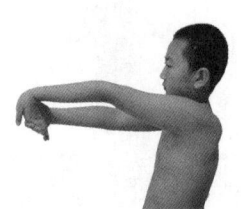

图4-3-31

12. 股关节

双腿大步展开，前脚脚尖确保在膝盖前方。后腿向后大幅度伸展，尽量贴紧地面。盆骨保持垂直，使股关节能够前后伸展开来。若想进一步伸展后腿，可如右图所示抓住后脚脚背，弯曲膝关节使脚跟尽量触及臀部。（图4-3-32）

图4-3-32

13. 臀大肌

为提高腿部外旋能力（蛙泳时向外蹬踹的扭动力），握住脚踝外侧，将脚抬起并向胸部方向做伸展运动。身体柔软者可将其抬到肩部高度以达到更佳效果。当臀部的肌肉感受到扭动的疼痛感时，则为正确的姿势。（图4-3-33）

图4-3-33

思考题：

1. 请根据游泳项目技术特点，结合徒手核心力量或瑞士球练习，设计几种训练方法。

2. 你认为弹力带练习的作用有哪些？是否需要长期坚持练习，为什么？

3. 请说出滚轴和牵拉练习的重要性有哪些？有何相同点和不同点？

4. 对于年龄组游泳运动员来讲，体能训练需要注意的训练原则有哪些？

5. 你认为悬吊练习和瑞士球练习有哪些相同点和不同点？

6. 你认为在体能训练时双人练习和个人练习都有哪些优缺点？

第五章　儿童游泳基本技术比赛

章前导读：
本章对基本技术教学的比赛项目、裁判方法、场地器材等方面进行了详尽的介绍，是组织儿童游泳基本技术比赛的指南。

第一节　儿童游泳基本技术比赛项目及规定

在2005年修订的游泳年龄组训练教学大纲中，设置了各年龄组技术训练的重点和评价标准，提出了技术训练是基础训练的重要内容的观点，而游泳基本技术教学比赛的研制和推广，正是延续了这一理念。游泳基本技术教学比赛项目，是依据儿童生长发育特点、智力发展水平、游泳技术教学和训练的规律而研究设计的，体现了科学性、先进性和实用性。

一、竞赛项目的设置

（1）符合儿童生理和心理发育的特点，促进儿童生长发育和身体素质全面发展。项目的设置重点在于提高灵敏协调、技能储备、有氧能力和速度的基础能力。

（2）基本技术比赛项目，既要符合游泳技术学习的规律，以减少阻力的方式达到加快游速的目的，又要符合年龄特点和接受能力，动作要简单，易于掌握。

（3）把世界先进的游泳技术因素融入基本技术竞赛项目中，竞赛项目与训练手段相结合，练什么就比什么，比赛、训练互相促进，以便有效地纠正少儿游泳技术中常见错误动作，为将来创造优异的成绩打下基础。

（4）儿童的游泳比赛项目和竞赛方法必须和成人的比赛有所区别。竞赛方法和组织方法要简单，便于执行。

二、年龄段划分与竞赛方法

（1）7岁儿童基本技术比赛共有4个项目，设定为包括4个项目的全能比赛。

（2）8岁儿童基本技术比赛共有6个项目，由主办方在赛前选定其中4个项目为全能比赛。

（3）9岁儿童基本技术比赛共有6个项目，由主办方在赛前选定其中4个项目为全能比赛或由主办方设定N项比赛项目。

（4）10岁基本技术比赛设定为4个主项全能、混合全能和技术全能比赛（四种姿势50米的技术比赛+400米自由泳项目）。

（5）赛前由主办方确定的项目，可在竞赛规程中宣布或者在赛前抽签决定。

三、各年龄比赛项目和技术指导要点

（一）7岁组（一年级、技术教学训练阶段第一年）基本技术比赛项目及技术指导要点

1. 基本技术比赛项目（表5-1-1）

表5-1-1　7岁组基本技术比赛项目及规定

项目	距离	规定	器材
持板仰泳腿	25米（50米）	以流线型持板仰泳腿游完全程	"A"字板
持板蛙泳腿	25米（50米）	以流线型持板蛙泳腿游完全程	"A"字板
持板爬泳腿	25米（50米）	以流线型持板爬泳腿游完全程	"A"字板
持板爬泳腿	100米	以流线型持板爬泳腿游完全程	"A"字板

注：水下出发，一只手拉仰泳出发握手器，另一只手持板。

2. 基本技术教学指导要点

（1）流线型持板，游进中身体平直，流线型好。

（2）头部动作稳定，呼吸时身体起伏小，失去平衡后尽快恢复。

（3）鞭状打腿加速明显，大腿及时上抬，打出的水花成团、不分散。

（二）8岁组（二年级、技术教学训练阶段第二年）基本技术比赛项目及技术指导要点

1. 基本技术比赛项目（表5-1-2）

表5-1-2　8岁组基本技术比赛项目及规定

项目	距离	规定	器材
持板蝶泳腿	50米	以流线型持板蝶泳腿游完全程	"A"字板
持棒仰泳腿	50米	以持棒仰泳腿游完全程	管棒
持棒蛙泳腿	50米	以持棒蛙泳腿游完全程	管棒
持棒爬泳	50米	以持棒爬泳游完全程（左单臂、右单臂交替）	管棒
蛙手+爬腿	50米	以蛙泳手+爬泳腿游完全程，呼吸次数不限	—
持板混合泳腿	100米	全程持板，以蝶泳腿游至25米转为仰泳腿游至50米，以蛙泳腿游至75米，转为爬泳腿游完全程	"A"字板

注：水下出发，一只手拉仰泳出发握手器，另一只手持板（棒）。

2. 基本技术教学指导要点

持棒游进减少了水的浮力，增加了游进过程中维持身体平衡、直线和流线型的难度。这些练习可以减少身体起伏和扭动，在保持正确技术动作的前提下增长距离，提高体能。

（1）持板蝶泳腿：流线型持板。3～4次打腿配合1次呼吸。呼吸时头、颈、背成直线，起伏小；不呼吸时头和肩膀在水面附近，臀部露出水面，身体波浪明显。脚成内"八"字（脚跟分开，脚尖相对），打水动作连贯，鞭状加速明显，下打后及时上抬。

（2）持棒仰泳腿：游进中身体成流线型。头部保持稳定，身体平直（髋关节打开），直腿绷脚下压，上踢加速明显，脚部有水花。

（3）持棒蛙泳腿：呼吸时头、颈、背呈直线，起伏小。蹬腿加速，结束时双腿并拢成流线型，节奏要正确。

（4）持棒爬泳：空中移臂、入水动作准确，划水幅度长，划水加速与打腿配合紧密，手借腿力。在游进中身体转动成直线。

（5）蛙手+爬泳腿：体能练习。蛙泳手内划加速时借腿力，呼吸动作起伏小。

（6）持板混合泳腿：体能练习和四种姿势腿部技术全面发展。

（三）9岁组（三年级、技术教学训练阶段第三年）基本技术比赛项目及技术指导要点

1. 基本技术比赛项目（表5-1-3）

表5-1-3　9岁组基本技术比赛项目及规定

项目	距离	规定	器材
蝶泳分解	50米	右单臂蝶泳分解游至25米线处，转换为左单臂蝶泳分解游完全程	脚蹼
举棒仰泳腿	50米	出水至5米处及游程中举棒，肘关节不得触碰水面，仰泳腿游至25米处转换为持棒流线型仰泳腿技术游完全程	管棒
仰、爬泳交替	50米	采用仰泳游至15米处转为爬泳，游至25米处转为仰游，游至35米处再转换为爬泳游完全程	—
交替蛙手+爬腿	50米	出发后，一手前伸，一手小蛙手，左、右手交替+爬泳腿游完全程，呼吸次数不限	—
反海豚腿	50米	反海豚腿游完全程	脚蹼
流线型仰泳腿	100米	流线型仰泳腿游完全程	—

注：①途中游脚蹼脱落时应持续游进。
②动作转换应在头到达或脚未超过标志物时完成。
③水下出发，一只手拉仰泳出发握手器，另一只手持棒。

2. 基本技术教学指导要点

掌握正确的水下划水技术和技巧，在技术动作细节上要符合规范要求。手

腿配合协调发力，划水加速度的作用路线长。在游进中把核心力量的使用、合力、借力、力的传导、划水加速度的概念融入每一个技术动作中，动作节奏正确。在器材的辅助下，增加规范动作的持续游进距离，不断提高出发、转身、到边技术。

（1）蝶泳分解：侧吸气，划手两次呼吸1次，身体起伏小。入水轻，入水时打第1次腿，划水加速时打第2次腿，手腿配合的节奏正确。

（2）持棒仰泳腿：由于双臂上举，增加了打腿的难度，身体不易保持平直。开始练习时可以借助脚蹼辅助练习。

（3）仰、爬交替：考核重点是泳式转换时直线转动和核心力量的使用。躯干转动的幅度，转动与划水加速和用力，打腿的合力、呼吸与躯干转动的一致性。爬泳呼吸时露出1只眼睛、半张嘴和同侧肩、髋，仰泳始终有一侧肩膀露出水面。

（4）交替蛙手+爬腿：水感练习。交替的蛙泳小划手。手掌和小臂撑住水，抓水、高肘抱水，肘在水面附近。沿水面回臂，爬泳腿要持续不停顿，可以采用抬头或者低头的方式完成，呼吸次数不限。初期练习时可以使用呼吸管，使运动员的精力集中在划手动作上。

（5）反海豚腿：反海豚腿被称为第五种泳姿，在竞赛中被广泛应用。本竞赛项目以水面反海豚腿的形式完成。上体稳定，加大上踢速度和力度，大腿后伸，直腿下压，身体波浪动作明显。

（6）流线型仰泳腿：提高仰泳打腿能力，全面均衡地发展腿部肌力。

（四）10岁组（四年级、技术教学训练阶段第四年）基本技术比赛项目及技术指导要点

1. 基本技术比赛项目

基本技术比赛项目见表5-1-4。

2. 技术比赛教学指导要点

（1）爬泳技术比赛。

①单臂划手：学习划手、打腿、呼吸的配合技术。一手前伸，一手向后推

表 5-1-4　10 岁组基本技术比赛项目及规定

项目	距离	规定
爬泳技术	50米	出发后水下蝶泳腿游进，头部必须在10~15米间露出水面，之后右单臂划手游至25~30米转换区域内，头朝游进方向做1次滚翻动作，然后左单臂划手游完全程
仰泳技术	50米	出发后水下反海豚腿游进，头部必须在10~15米区间露出水面，之后仰泳配合游至25~30米转换区域内，头朝游进方向做1次连贯的仰泳滚翻动作，然后两臂于头前伸直叠置，仰泳腿打至终点
蛙泳技术	50米	出发后在水下做1次长划臂动作，之后做蛙泳"1次配合+1次蹬腿"动作游至25~30米转换区域内，然后蛙泳配合游完全程
蝶泳技术	50米	出发后水下蝶泳腿游进，头部必须在10~15米区间露出水面，之后"蝶泳划手+爬泳打腿"游至25~30米转换区域内，然后蝶泳配合游完全程

注：出发台出发（爬、蛙、蝶）。

水，身体尽量伸展。呼吸随身体转动完成，呼吸时露出1只泳镜和半张嘴，转动时身体成直线，采用单侧（左、右）的划臂和呼吸技术，有利于加大身体的转动幅度、提高划水效果和观察对手。

②掌握正确的动作节奏，入水要轻，划手至腹下划水速度最快时用力打腿。

③游进中的前滚翻：用于改进转身时，由于转动半径过大引起的转动速度慢的错误动作。

（2）仰泳技术比赛。

①仰泳配合：头部保持稳定。身体转动时，直线保持身体，且一侧肩露出水面，借助躯干的转动和有力的踢腿加速划水。

②仰泳腿：直腿下压，打开髋关节。大腿带动小腿、脚上踢，动作充分，把力用到大脚趾尖。

③最后25米的仰泳腿：提高仰泳腿的能力。强有力的仰泳腿可以维持身体平衡和发挥手臂的冲刺力量。

（3）蛙泳技术比赛。

两次腿一次划手+蛙泳配合动作组合的设计，是为了解决在蛙泳技术中普遍存在的对身体流线型的细节不够重视的现状，即动作的开始和结束时，手脚在水面附近，手臂伸直双手重叠或并拢，蹬腿结束时两脚的大脚趾相对，加大动作幅度、减少游进阻力。这个练习可以解决手臂的两个常见的错误动作：①前伸不充分和肘未伸直、双手分开；②蹬腿结束时脚未并拢。

学习蛙泳腿的发力顺序，即髋、膝、踝依次打开，加速充分，把力用到大脚趾尖。在蹬腿加速时要向前伸肩，使蹬腿的力量通过躯干传递到手，明确蹬腿与整个配合动作的关系。

呼吸时头部随手臂内划动作上升，头、颈、背呈直线，眼睛看水面。

（4）蝶泳技术比赛。

采用蝶泳划手+爬泳打腿动作，是为了解决蝶泳中身体上下起伏过大的问题。爬泳打腿能够把身体上下起伏的幅度控制在最小范围内，在此基础上首先解决头部下潜和手入水过猛的问题。手轻柔入水后，后脑勺和肩能维持在水面附近，呼吸时头、颈、背呈直线，眼睛看水面。在转换区过渡为蝶泳，继续保持划手和呼吸的技术就能够提高游进的直线性，有效地减少游进阻力。

第二节　儿童游泳基本技术比赛规则与器材要求

一、持器材出发及途中游规定

（一）俯卧出发及途中游规定

运动员面向终点端，一手持器材一手拉池边，蹬池壁出发。持器材游进时，运动员身体呈流线型，两臂始终向前伸直，双手全程不得离开器材，如图5-2-1和图5-2-2。

图5-2-1　双手抓住"A"字板底端（凹槽处），虎口相对

图5-2-2 双手虎口相对横握管棒

（二）仰卧出发及途中游规定

运动员面向出发端，一手持器材一手拉出发握手器，蹬池壁出发。持器材游进时，运动员身体呈流线型，两臂始终向前伸直，全程双手不得离开器材，如图5-2-3所示。

图5-2-3 仰卧持"A"字板或持管棒出发

二、持器材到达终点和转身规定

（1）"A"字板。

运动员到达终点时，可按图5-2-4所示，双手持板触壁。

（2）管棒。

运动员到达终点时，可按图5-2-5、图5-2-6所示，双手持棒触壁。触壁前5米改变持棒方式。

（3）在持器材转身时，双手持器材触壁之后，可采用任何转身方式，但须按项目要求俯卧（仰卧）蹬离池壁，不得有划臂动作。

（4）仰泳项目可采用仰泳滚翻转身，见表5-2-1。

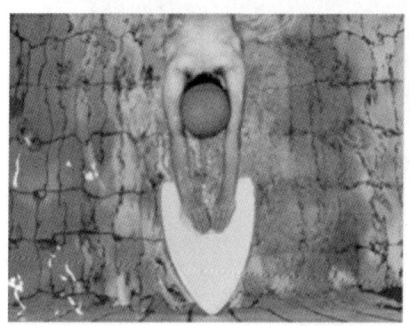
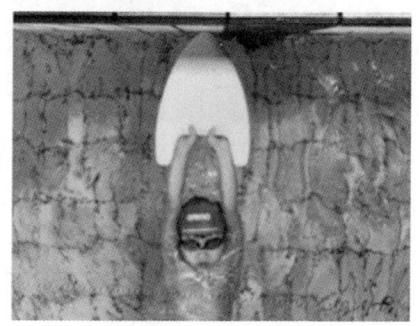

图5-2-4　俯卧持"A"字板触壁

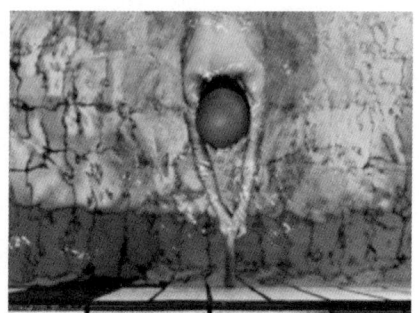

图5-2-5　俯卧持管棒触壁

图5-2-6　仰卧持管棒触壁

三、竞赛器材

1."A"字板

(1)材质:EVA。

(2)尺寸:不超过28厘米(宽)×30厘米(长)×3.5厘米(高)(+0.5厘米)。(图5-2-7)

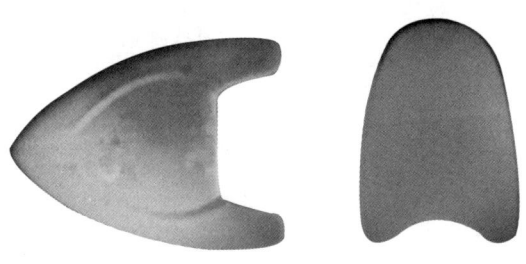

图5-2-7 "A"字板

2.管棒

(1)材质:PVC材质的空心管棒。

(2)重量:不小于85克。

(3)尺寸:长不超过25厘米,其中,两头直径不超过3.5厘米,中间直径不超过2.5厘米。(图5-2-8)

图5-2-8 管棒

3. 脚蹼

（1）材质：软硅胶制造。

（2）蹼直径（蹼鞋前端线至蹼外沿）小于4厘米（含4厘米）。（图5-2-9）

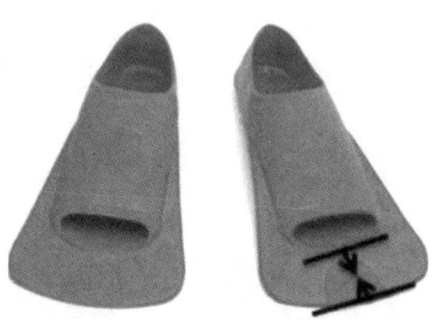

图5-2-9　脚蹼

需要说明的有以下两点：

第一，基本技术比赛器材的长、宽、高，一律以器材外沿为准。

第二，7、8、9岁组基本技术比赛所需脚蹼由参赛运动员自备，比赛所需"A"字板、管棒由比赛主办方指定并提供。主办方依据比赛需要，赛前准备三套竞赛器材。竞赛器材须符合基本技术比赛相关规定，否则不予参赛。

第三节　儿童游泳基本技术比赛裁判工作方法

一、基本技术比赛赛前准备

（一）比赛场地

25米或50米标准游泳池。

（二）场地布置

1. 50米池场地设置

（1）水下标志：距出发端10米、15米、25米、30米、35米处放置颜色醒目、且不易上浮的标志。正规泳池15米、25米、35米铺设有水下标志。（图5-3-1）

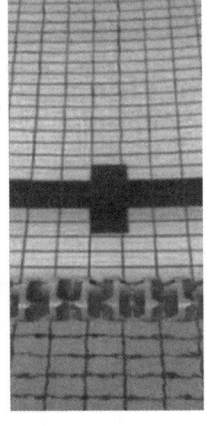

图5-3-1　池底标志物

（2）池边标志：在池边10米、15米、25米、30米、35米处放置颜色醒目的标志，如锥桶、三角警示牌等。（图5-3-2）

图5-3-2　锥形桶或警示牌标志物

（3）标志线：在5米、25米、45米处悬挂仰泳标志线。（图5-3-3）

（4）召回线：距离泳池两端15米处悬挂召回线。

图5-3-3　仰泳标志线

各年龄组基本技术比赛场地标志图示（50米池）如图5-3-4所示。

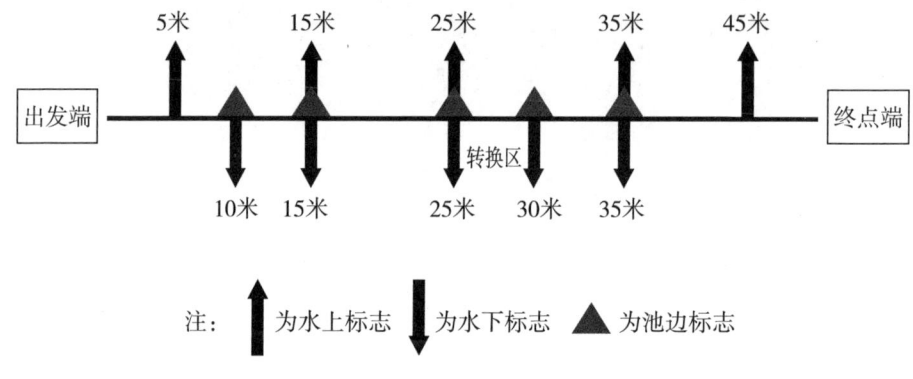

图5-3-4　50米池基本技术比赛场地标志图

2. 25米池场地标志设置

（1）水下标志：距出发端10米放置颜色醒目、且不易上浮的标志。

（2）池边标志：在池边5米、10米、15米、20米处放置颜色醒目的标志，如锥桶、三角警示牌等。

（3）标志线：在距离出发端5米、15米、20米处悬挂标志线。

（4）召回线：在距离出发端15米处悬挂召回线。（图5-3-5）

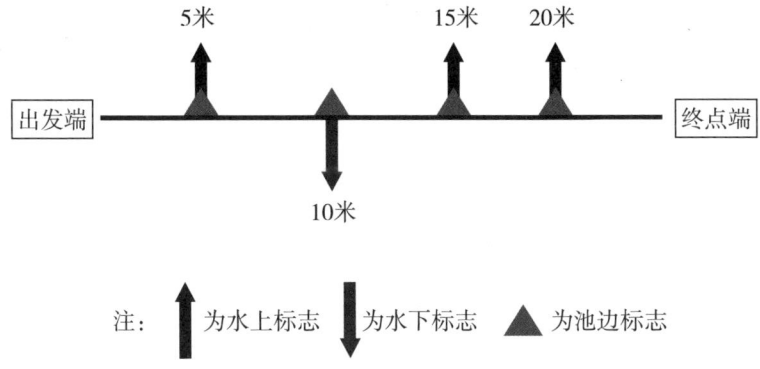

图5-3-5　25米池基本技术比赛场地标志图

二、基本技术比赛裁判员设置

（1）基本技术比赛裁判员设置与竞赛规则规定相同（技术检查员除外）。

（2）技术检查员的设置。

增设至8名（如启用10条泳道，须增设10名），每侧4名，每条泳道安排1名，可分别由2名本场执行裁判长、原4名技术检查员、终点端检查长、转身端检查长或替补裁判担任。具体岗位分工由本场执行裁判长决定。

（3）增设2~3名志愿者在基本技术比赛中负责器材的发放及回收。

三、基本技术比赛的赛中工作

（1）执行裁判长。

①赛前工作。

提前到达赛区，报到后及时与组委会相关领导取得联系，了解赛区场地情况，与竞赛处、场地器材处等职能部门对接，明确基本技术比赛场地布置对接人，告知场地布置具体要求，要求当天落实基本技术比赛所需设备，取得其联系方式，并及时汇报、沟通。

组织预备会议，修改相关工作文件，研究确定裁判员名单及分工，安排基本技术比赛相关内容的学习及实施方案。

实习场开始前1个小时，要检查比赛场地及基本技术比赛场地布置是否符合本次比赛的要求，对基本技术比赛场地布置进行"专人专管"，包括赛前布置、赛中调整、赛后清场等工作。

②赛中工作。

在技术比赛中，执行裁判长的职责及裁判工作方法基本不变。

7～9岁组基本技术比赛中，执行裁判长要吹两声长哨：第一声长哨示意运动员下水，第二声长哨示意运动员迅速游回出发端，按照本项比赛规定做好出发准备。两声长哨须紧凑，避免运动员误以为第二声长哨是出发信号。

出发信号发出后，本场两名执行裁判长需担任技术检查员工作，负责全程检查泳道运动员是否有犯规动作。

每组比赛结束，应及时观察两侧技术检查员给予的手势，有犯规情况须时做出处理。

③赛后工作。

执行裁判长收集基本技术比赛犯规检查表，统计犯规情况。

（2）检录组。

①检录处布置安全需求，及时公布比赛进程，维持检录处秩序。

②在检录时，按照基本技术比赛的项目，提醒运动员技术比赛相关规定，可采用提问方式或播放技术比赛视频，强化运动员对技术比赛的理解与认识。

③第一检录处检录员负责检查自备脚蹼是否符合规定。

（3）技术检查。

①每组比赛开始前，执行裁判长发出短哨信号时，技术检查员根据比赛项目前往各自最佳观察位置，按照观察泳道的顺序依次排开，准备履行技术检查员的职责。

②10岁组蝶泳、仰泳、自由泳基本技术比赛出发时，两侧技术检查员站于距离出发端10米处，观察本泳道运动员出发后，头部是否在10～15米区间内露出水面，同时负责观察本泳道运动员出发后动作是否符合规定。

③10岁组蛙泳技术基本比赛出发台出发时，两侧技术检查员站于距离出发端6～10米处，观察本泳道运动员出发后动作是否符合规定。

④使用器材从池边出发时，两侧技术检查员站于距离出发端5米处，观察本泳道运动员出发动作是否符合规定。

⑤各泳式基本技术比赛进行时，技术检查员负责观察本泳道运动员，跟随在负责泳道运动员的侧后方进行观察，应避免受水面反光的影响，视野要广、要准，保持高度集中的注意力。

⑥各泳式基本技术比赛到达终点时，技术检查员要协助终点端检查员检查运动员到达终点时动作是否犯规。如果有犯规情况，及时报告执行裁判长。

⑦25米池各泳式基本技术比赛转身时，技术检查员要协助转身端检查员检查运动员转身时动作是否犯规。如果有犯规情况，及时报告执行裁判长。

⑧每组比赛最后一名运动员到达终点后，如没有犯规情况，技术检查员用手势回应执行裁判长。如果有犯规情况，应及时报告执行裁判长，并将犯规情况标注在秩序册上，于本项比赛全部结束后，再填写犯规检查表交执行裁判长签字。

（4）转身检查员。

①出发端转身检查员在运动员蹬边出发时，要检查运动员持器材出发动作是否符合规定。

②终点端转身检查员在运动员到达终点时，要检查运动员持器材到达终点的动作是否符合规定。

③25米池转身端检查员在运动员转身时，检查运动员转身动作是否符合规定。

（5）编排记录组。

在赛前打印基本技术比赛犯规检查表并于本场开赛前20分钟发放到位。

（6）发令、终点检查、自动计时、人工计时、终点、宣告在基本技术比赛中职责及裁判工作方法不变。

（7）替补裁判员需明确基本技术比赛中的相关事宜，根据比赛情况，随时准备补岗。

四、基本技术比赛评分标准

（1）基本技术比赛的评分标准采用国际泳联评分表公式：

$$P=1000 \times (B/T)^3$$

公式中的 P（Points）代表的是得分，B（Base time）代表的是现如今世界纪录的成绩，T（Time）代表的是运动员的比赛成绩。

例如，一名女子运动员在50米池进行的400米个人混合泳比赛中游出了4'3"67的成绩。

如今女子50米池400米个人混合泳的世界纪录是中国选手叶诗文在2012年伦敦奥运会上所创造的4'28"43，因此换算步骤如下：

4'36"67 = 276.67秒

4'28"43 = 268.43秒

代入公式：$P=1000\times(268.43\div 276.67)^3=913$

即该运动员的得分为913分。

（2）基本技术比赛各单项对应采用的国际泳联评分表项目如表5-3-1所示。

表5-3-1 基本技术比赛各单项对应采用国际泳联评分表项目

采用国际泳联评分表项目	基本技术比赛对应项目	项目数
50米自由泳	7岁组持板爬泳腿；8岁组持棒爬泳；8岁组蛙手+爬泳腿；9岁组交替蛙手+爬泳腿；10岁组爬泳技术	5
50米蛙泳	7岁组持板蛙泳腿；8岁组持棒蛙泳腿；10岁蛙泳技术	3
50米仰泳	7岁组持板仰泳腿；8岁组持棒仰泳腿；9岁组举棒仰泳腿；9岁组仰、爬泳交替；9岁组反海豚腿；10岁组仰泳技术	6
50米蝶泳	8岁组持板蝶泳腿；9岁组蝶泳分解；10岁组蝶泳技术	3
100米自由泳	7岁组持板爬泳腿；8岁组持板混合泳腿（50米泳池）	2
100米混合泳	8岁组持板混合泳腿（25米泳池）	1
100米仰泳	9岁组流线型仰泳腿	1

（3）基本技术比赛所有项目以中国游泳协会确定的公式计算，如有变动，另行通知。

（4）全能比赛分数的计算：全能总分除以该全能所含的项目数量。

五、25米池比赛基本技术比赛说明

（1）7岁组基本技术比赛项目可设为25米项目，须在25米池进行。如果比赛场地不能满足比赛需求，可进行50米比赛项目。

（2）8、9、10岁基本技术比赛项目均为50米项目，须在50米池进行。如果比赛场地不能满足比赛需求，可在25米池进行，需按以下规定进行比赛：

①持器材转身：双手持器材触壁后转身（转身可采用任何方式，按泳姿规定俯卧或仰卧蹬离池壁，不得有划臂动作）。

②仰泳项目：可采用仰泳滚翻转身。

③举棒仰泳腿：头部到达20米处后，可采用流线型持棒仰泳腿方式完成转身。

④仰爬交替：可采用滚翻转身，须仰卧蹬出。仰泳游至35米处，转为爬泳游完全程。

⑤动作转换区域：头到达、脚未离开标志物应转换动作。

六、基本技术比赛赛场秩序管理

（1）志愿者。

基本技术比赛参赛运动员年龄在7~10岁之间，运动员年龄较小，为确保基本技术赛场秩序及安全，严格管理赛场区域，在比赛中应相应增加志愿者人数。

①赛场外的安全管理，赛中进场时的引导，赛后离场时的疏导。

②比赛器材的摆放及回收，运动员比赛结束出水后，及时收取竞赛器材，避免器材散落在赛场中。

（2）所有人员必须持有效证件进入赛场，安排好家长观赛区域，严禁家长进入竞赛区域。

（3）为防止摔伤或踩踏事故的发生，赛场内外需设置"医务室引导牌""小心地滑""严禁拥挤""有序参赛"等醒目的警示牌。

（4）配备对讲机和视频监测设备。

（5）竞赛的组织者要有应对意外和紧急情况的安全预案。

七、基本技术比赛用表

1. 7、8、9岁组基本技术比赛犯规检查表（表5-3-2）

表5-3-2　7、8、9岁组基本技术比赛犯规检查表

　　场　　项　　组　　道　　　　　　　　　　　　　　　　　　年　月　日

□男　　□女　　年龄组：＿＿＿＿　　□25米池　□50米池　项目：＿＿＿＿＿＿

出发（7、8、9岁组）	蝶泳分解（9岁组）
出发抢跳（□延误出发/□蓄意不服从命令）	＿米处，未换臂游进
出发后，头部超过15米标志线露出水面	举棒仰泳腿（9岁组）
持器材（7、8、9岁组）	＿米处，脚超过5米处未举棒出水
＿米处，□单手/□双手离开器材	＿米处，肘关节触碰水面
＿米处，未按照规定方式持器材	＿米处，未按要求转为持棒流线型仰泳腿
蛙泳腿（7、8岁组）	仰、爬泳交替（9岁组）
＿米处，两腿动作不同时	＿米处，未按照规定转为□爬泳/□仰泳
＿米处，两腿动作不在同一水平面	＿米处，转身后，未成仰卧姿势蹬出（25米池）
＿米处，蹬腿时两脚（□左脚/□右脚）未外翻	反海豚腿（9岁组）
仰泳腿（7、8岁组）	＿米处，身体未成仰卧姿势
＿米处，身体未成仰卧姿势	＿米处，□交替打腿（□反蛙泳腿）
＿米处，转身后未成仰卧姿势蹬出（25米池）	＿米处，到达终点前改变仰卧姿势
＿米处，改变仰卧姿势触壁	流线型仰泳腿（9岁组）
持棒爬泳（8岁组）	＿米处，身体未成仰卧姿势
＿米处，未按照左1、右1单臂交替方式游进	＿米处，到达终点前改变仰卧姿势触壁
蝶泳腿（8岁组）	其他
＿米处，身体未成俯卧姿势	＿米处，站立池底
＿米处，两腿交替打水（□蹬蛙泳腿）	＿米处，在池底行走
蛙手＋爬腿（8岁组）	＿米处，动作不符合规定
＿米处，身体未成俯卧姿势	＿米处，起水，没有游完全程
＿米处，未按照爬泳腿完成	＿米处，运动员未在其出发的同一泳道内游完全程
＿米处，两臂动作不同时	＿米处，转身时未触及池壁
＿米处，两臂动作不在同一水平面	＿米处，转身动作不符合规定
＿米处，两手未同时从胸前伸出	＿米处，左（□右）手拉分道线
＿米处，两手向后划水超过臀线	＿米处，阻碍（干扰）其他运动员
持板混合泳腿（8岁组）	未经许可在身上使用胶带
＿米处，未按照规定的腿部动作游进	＿米处，动作转换时，未在规定范围内完成
＿米处，转为仰泳腿	＿米处，未双手持器材触壁
＿米处，转为爬泳腿	
交替蛙手＋爬腿（9岁组）	
＿米处，未采用左1、右1交替蛙泳手	

发令员、技术检查员、转身检查员：　　　　转身检查长：　　　　执行裁判长：

2. 10岁组基本技术比赛犯规检查表（表5-3-3）

表5-3-3　10岁组基本技术比赛犯规检查表

__场__项__组__道　　　　　　　　　　　　　　　　　　　　　　　　　　____年__月__日

□男　□女	年龄组：_____	□25米池　□50米池	项目：_____

出发	蛙泳技术
出发抢跳（□延误出发／□蓄意不服从命令）	__米处，两腿动作不在同一水平面
爬泳技术	出发后第2次划水至最宽点两手向内划水前，头部未露出水面
出发后，未在水下做蝶泳打腿动作	__米处，1个完整动作周期内，头部未露出水面
出发后，头部未到10米（□超出15米）露出水面	__米处，蹬腿时两脚（□左脚／□右脚）未外翻
未到转换区域内做1次前滚翻动作	__米处，两腿交替打水（□做向下的蝶泳打水）
__米处，（□到达终点时）前伸手有划臂动作	到达终点时，两手未同时（□未分开）触壁
仰泳技术	到达终点时，左（□右）手单手触壁
出发后，未在水下做反海豚腿动作	蝶泳技术
出发后，头部未到10米（□超出15米）露出水面	出发后，头部未到10米（□超出15米）露出水面
未到转换区域内做1次前滚翻动作	头未到（□脚超过）25米换成蝶泳配合
滚翻动作结束，做超过1次俯卧姿势的单臂（双臂）划水动作	__米处，两腿未交替打水（前25米）
__米处，划臂__次	__米处，两腿交替打水（□蹬蛙泳腿）（后25米）
到达终点前改变仰卧姿势触壁	__米处，两臂未经空中前摆
到达终点时，划臂触壁	__米处，两臂未同时前摆（□向后划水）
__米处，身体未成仰卧姿势	__到达终点时，两手未同时（□未分开）触壁
蛙泳技术	__到达终点时，左（□右）手单手触壁
出发后第1次蹬腿动作前做多于1次的蝶泳打水	其他
__米处，动作周期未按1次配合+1次腿的顺序完成	__米处，起水，没有游完全程
__米处，头未到25米换成蛙泳配合	__米处，运动员未在其出发的同一泳道内游完全程
__米处，两臂动作不同时，两臂动作不在同一水平面	__米处，转身时未触及池壁
__米处，两腿动作不同时	__米处，左（□右）手拉分道线
	__米处，泳式不符合规定要求
	阻碍（干扰）其他运动员
	未经许可在身上使用胶带

发令员、技术检查员、转身检查员：　　　　转身检查长：　　　　执行裁判长：

思考题：

1. 从儿童基本技术比赛的理念出发，简述基本技术比赛项目设置的特点。
2. 简述儿童基本技术比赛的年龄划分与竞赛方法。
3. 论述各年龄基本技术比赛项目的异同点及教学指导要点。
4. 简述运动员在基本技术比赛中出发、途中游及达到终点时的规定。
5. 绘制一张25米池或50米池的基本技术比赛场地标志图。
6. 简述技术检查员在基本技术比赛与非基本技术比赛执裁过程的区别。
7. 基本技术比赛注意事项有哪些？
8. 简述基本技术比赛的评分标准。
9. 简述基本技术比赛各单项对应采用国际泳联评分表的项目。
10. 简述在25米池内进行基本技术比赛的相关规定。

第六章 游泳教练员的职业素养

章前导读：

本章介绍了游泳教练员的职业目标和职业素养，以及与教练员的价值观和信念密切相关的行动基础。对提高游泳教练员的职业能力和素养具有一定的指导意义。游泳教练员的职业目标和职业素养与教练员的价值观和信念密切相关，也是日复一日的教练工作所做出决定和行动的基础。

第一节 游泳教练员的个人素质

每个教练员都有擅长的方面，有的善于教学，有的善于技术训练，有的善于激励，有的擅长沟通。一般来说，游泳教练员应该在两个领域做到知识扎实，即体育基础理论领域和游泳专项领域。这其中包括游泳动作的力学原理、游泳比赛的策略和战术、水上安全知识和游泳训练学知识。

游泳教练员要有条不紊、未雨绸缪，在赛季和职业生涯中有目的发展。游泳教练员必须制订一般的赛季计划和每次训练课的具体实践计划。游泳队伍是由许多个人组成的一项集体活动。教练员应具有很好的组织能力，既要考虑整体队伍的发展，又要关注每个个体的发展。教练员的个人素质决定了教授技能和价值观的水平。教练员的个人素质要求：

（1）教练员具有游泳教学与训练技巧，以及对游泳规则的理解，比赛中战术安排的策略。展现技能和帮助提高运动员的技能，必须具有正确技术的指导，提高力量、耐力和速度。

（2）教练员的经验也很重要。它是一种素养，能够提高对运动员的洞察力，帮助教练员在技术训练中及时发现运动员的错误动作并给予纠正，此外，还要有与年轻人相处的经验。

（3）教练员的耐心是发展运动员技能水平的必备素质。比如，游泳需要耐心地与运动员一起训练，耐心地观察，通过整个赛季的辛勤工作逐渐显现回报。

（4）教练员要有对成功与挫折的承受能力。这种品质包括在无法控制的、令人沮丧的情况下保持愉快心情，并以坚定而友好的态度鼓励运动员持续完成任务。

（5）教练员要掌握专业的游泳术语和专业词汇，这些将有助于教练员清晰地表达。专业词汇的运用有利于与运动员交流知识和经验，获得运动员的尊重。

（6）教练员要有讲解能力，教练员需要以适当的速度和热情的声音清晰表达，能使运动员在教学与训练中保持专注。

（7）教练员要有组织能力。教练员在日常准备活动和每周的计划实践中证实了这一点。当教练员组织得很好时，运动员会很愉快地完成训练任务。

（8）教练员要有同情心，运动员需要感觉到他们能和教练员沟通，并希望得到教练员的理解。良好的聆听技巧将有助于培养与运动员之间的情感。

（9）教练员应该善于理解自己的运动员，学会理解运动员的感受，及时地回应他们。这样可以和那些取得最好成绩的运动员一起感受成功，也可以与那些在比赛中失利的运动员共同承担失败。

第二节　游泳教练员的沟通技巧

教练员沟通的效率取决于和运动员的交流程度，以及与运动员的沟通、教育和激励技巧。正如运动员通过智慧和不断练习来提高他们的技能水平一样，教练员也需要不断地提高执教能力，成为更加高效的教练员。运用这些技能的有效性，取决于教练员如何适应运动员不断变化的需求。因为运动员的需要在一个赛季和一年中不断变化，团队中运动员的年龄和能力范围广泛，代表了不同的需要，需要不同的沟通方式和教育方式。因此，教练员必须根据运动员的具体情况不断地调整。

从理论上讲，沟通是一个象征性的过程。研究沟通的专家已经证明，我们所写、所说和所做的一切都是用来表达我们的思想、观念和感情的符号。因此，我们的语言是符号的一种，就像跺脚、吹口哨和挥动毛巾。用语言作为符号，便可以用别人能理解的方式来表达自己，使用适当的沟通技巧将有助于成为更有效的教练员。

一、沟通的要素

沟通由6个要素组成，我们可以将它们分成三个不同的类别：首先，沟通包括发送和接收信息；其次，沟通既是口头的（所说的）又是非语言表达的（所做的）；最后，沟通包括内容（主题信息）和情感（个人信息）。

（一）发送和接收信息

作为一个双向通道，包括发送信息和接收信息，教练员所传达的信息必须明确地、直截了当地告诉运动员。这意味着对青少年来说宜使用更简单的语言，对年龄较大的、知识丰富的人则使用更专业的词语。因为沟通是双向的，所以教练员需要仔细倾听游泳运动员所说的。这很像沟通中的移情作用。认真地倾听运动员所说的话，了解他们使用的语言和当下的感受。例如，运动员问教练员："教练，我们今天为什么不能再游一次接力？"这可能意味着运动员渴望参与团队活动的乐趣而不是为了逃避艰苦的间歇训练。

（二）语言和非语言沟通

语言和非语言沟通，包括语言和姿态。作为沟通的符号，人们学习手势和表情的含义，正如他们学习单词的含义一样。因此，随着时间的推移，运动员将学习到教练员经常使用的手势含义，并能适当地做出反应。教练员要谨慎选择所使用的语言和手势，通过使用特定的语言和恰当的手势，控制语言和动作，改善执教过程中语言和非语言沟通。语言和行为也反映了我们潜在的价值取向。有时一个不恰当的玩笑也反映出潜在的消极倾向。作为教练员要谨记，以消极的方式沟通可能会损害运动员的自尊，不利于让游泳运动员获得信任和尊重。积极的表达和沟通，不仅给运动员提供了所需要的信息，也增强了教练员和运动员之间的信任。

（三）内容和情感

每条信息都传达了内容和情感。信息的内容和情感应该是恰当和有效的。每个人的情感变化都可以被看成是一个从高度兴奋到极度压抑的连续体。有的运动员属于高度兴奋的类型，富有表现力（跳、尖叫、挥手），无论如何努力，都无法掩饰自己的感情。有的运动员表现出节制、坚忍，以安静不变的态度来表达他们的感情和意图。因此，针对运动员的不同情感类型，教练员可以选择特定的语言和手势，提高沟通技巧。研究表明，在察觉和反应对方的情绪状态方面，运动员比教练员做得更好。因此，教练员也要学会观察运动员的情绪的变化，这有助于提高教练员发现运动员情绪问题和提高沟通的效率。自我评价和关注他人的举止是重要的沟通技巧。随着时间的推移，教练员不但要学会善于展示自己，更要善于发现团队中每一位运动员的情绪变化。

二、有效沟通的原则

有效沟通涉及许多方面，是一种必须通过积极实践获得改善的技能。有5条准则有助于更有效地沟通：

（1）根据运动员的情绪状态和智力水平进行沟通，要在每个人都能理解的水平上进行交流，这是指导运动员进步的动态过程。向运动员介绍他们能掌握的术语和概念，并让他们在不同的环境下进行思考。

（2）提供清晰和准确的讲解，消除不必要的语言。例如，语言中过多的"嗯"和"好的"等词语会分散运动员的注意力。对运动员来说，需要的是言简意赅，直切重点。

（3）根据具体情况提供适合的信息，遇到问题要立即处理，然后继续进行活动。就事论事，不要沉湎于对过去行为的计较或是妄加推测未来。

（4）控制情绪。不要把负面的情感抑制放在心里，时刻监控自己的情绪，注意语言的选择和举止，果断、正确地表现自己的情绪。

（5）不要发表有贬低他人行为和状态的评论。运动员会根据教练员对自己的评价而做出正面或负面的解释。运动员需要知道教练员对他们的行为的客观评价。

第三节　游泳教练员的技能教学

教育过程中最常用词汇是教与学。教练员应该承担教的任务，运动员则应该负责学习。游泳教练员工作的目标，是帮助游泳运动员获得游泳运动的知识和技巧，提高运动员在比赛中的表现。教练员应该熟悉并掌握影响培养过程的所有因素。

学习过程包括最初获得技术的动作示范和讲解，以及之后的技术动作纠正。实际上，学习是一个长期的、阶段性的发展过程。技术第一次呈现的阶段只是技术学习的开始，当运动员通过练习技术得以改善时，学习的行为便会持续下去，从而不断改进技术。

行之有效的传统教学方法是整体教学。大多数教练员利用这种想法，即最好的技术学习是通过亲眼观察、尝试整个技术，然后将其分解为各组成部分，各部分按顺序掌握后，把它们又重新组合成一个完整的练习。"整体"和"部分"的关系是由所学任务的复杂程度决定的。

"熟能生巧"的观点是错误的，更准确的说法是"熟能生熟"。完美的技术是尽可能完美操练的结果。如果技术练习不正确，那么练习只会产生错误的习惯。因此，只有正确的实践练习才能带来完美的技术。

一、影响技能学习的因素

个人因素和环境因素会影响教练员的执教以及游泳运动员的学习。这两个因素都是可以完善和控制的。教练员在传授游泳技术和价值方面的效率，取决于作为个体教授的信息是否具有意义与感染力，是否提供了一个环境可以使运动员集中精力和巩固所学内容。

教练员必须语言清晰，并且语速要能使运动员跟得上。如果教练员的表达不够清晰，声调太大或太小、语速太慢或太快，运动员会很难理解。适宜的语速和必要的停顿可以强调表达的重点。在进行教学时，还必须与运动员保持目光的交流，用他们能理解的词语，观察并向他们传授新的专业术语。在解释术语的同时提供正确的示范，教练员的示范能力非常重要。运动员的学习欲望以及他们对教练员的注意力是关键因素。如果游泳运动员不感兴趣，注意力不集中，就会影响他们的训练及学习效果。

年龄小的运动员，他们的注意力持续时间较短，向运动员热情洋溢并提供有意义的举例说明，有助于保持他们的注意力。教练员使用的词汇应该与运动员的年龄、知识基础、经验等相匹配。简而言之，教练员要向运动员提供合理恰当的训练内容。

（一）训练环境因素

教练员必须控制影响训练效果的环境因素，关键是：①控制和使用可控的因素；②利用不可控因素中的有利因素；③尽量降低妨碍训练因素的影响。

合理安排一天的学习和训练时间，因为游泳运动员要上学，教练员可能还要处理其他的工作。可控的时间包括：示范讲解的时间、训练总时间以及每个具体动作练习的时间。前提是教练员必须掌握如何组织好运动员，使他们能清楚地看到和听到指令，降低干扰因素。教练员也许不能控制训练所使用的设备或水质的条件，但如果设备和条件无法满足要求，也请尽量向那些可以控制设备及水质的管理人员提出建议。

（二）教学和反馈的原则

1. 有效示范和解释的原则

教练员应该能够指导所有不同学习风格的学生，并能在适当的时候使用"完整—分解—完整"的教学方法。选择恰当的时机，合理地引出所教主题，解释如何执行练习，以及该主题的重要性。运用合理示范，将所学内容表现出来。在现实中，解释必须结合示范，而示范必须附带解释。

动作示范要明确目的，讲解动作的重点。这适用于第一次技术课以及后期为正确动作提供反馈。例如，讲解、示范保持高肘动作能够帮助身体维持有节奏的转动以及使换气变得轻松。从手臂入水到出水、到移臂都要保持高肘动作。

有效示范原则和有效解释原则的使用要求参照表6-3-1。

表 6-3-1　有效示范原则和有效解释原则的使用要求

有效示范原则	有效解释原则
①在安全、没有危险的环境中示范	①一次只关注一个主题
②水中示范与陆上示范相结合	②适合运动员的水平（认知能力）
③所有人可以清晰地看到示范	③简明扼要
④各种角度示范：前、后、左、右、上、下	④关注重点提示：手臂、腿、身体等
⑤主动积极参与	⑤具体且明确
⑥伴随有效讲解	⑥配合有效的动作示范

2. 提供反馈的原则

根据有效示范的原则和解释提供信息，若运动员练习的结果有偏差，就应及时去纠正错误和改进技术，及早提供反馈。因为，技术练习会因为不断地反复实践逐渐巩固。错误的技术动作一旦形成，改起来就困难了。为此，及时给予反馈，纠正其错误的技术动作，可以帮助运动员的技术得到更快的提升。当然在纠正错误时，遵从以下原则：①及时纠正错误；②积极示范和讲解如何纠正错误；③找1名队员展示纠正后的技术。

通过语言激励运动员"接近"目标结果来塑造运动员的行为。他们越接近最终要达到的目标，就需要越多语言的鼓励。教练员需要审慎而明智地尽快纠正错误。在比赛开始的时候对运动员大喊大叫只会分散他们的注意力。教练员需要在运动员一开始出现错误时给予反馈。如果等到整个训练阶段完成了或是在赛季结束之前就太晚了。不能提供及时和有意义的反馈，运动员就不可能记得所犯的错误，教练员也可能忘了所要提示的内容。

有技巧地提示和反馈运动员的手臂、腿、头部或其他身体动作存在的问题将确保他们正确理解技术，并发展正确的技术感觉。一定要坚持仔细观察运动员在水中的表现，以确定他们的技术正确无误。在这个过程中，教练员需要用不同的方式提供更多的反馈，直至技术动作被纠正。

这些提供反馈的原则可以通过以下五个步骤实施：

①指出错误并准确描述；

②正确地讲解和展示，并纠正错误；

③解释如何纠正错误，帮助运动员游得更好；

④让运动员正确地展示游泳技术；
⑤跟踪反馈并进行鼓励。

（三）教授技能

有时基本技能比泳式技术动作更重要。学游泳必须打好基础，这一观点很重要。教练员所教授的技能：身体姿势、推进力、划臂、打腿、呼吸技术与配合，这五种主要技能为构成高效的游泳技术奠定了基础。

第四节　游泳教练员价值观的传播

游泳教练员的价值观包括：体育精神、纪律和团队精神。运动员将会学到教练员给予他们的价值观和态度。因此，作为教练员要明确运动员在教学中的需求。游泳是一项独特的运动，既是个人运动又是集体运动。

教练员传递给运动员的价值观是：竞争和努力做到最好。每个运动员都可以和时间比赛，也可以和自己以及其他对手比赛。游泳项目的独特之处就在于，运动员之间的竞争不是直接的身体对抗。游泳运动员可以互相激励、互相帮助，发挥各自的长处，更有助于取得成功。

游泳是一项很好的运动，也是健康生活方式的一部分。教练员参与并应享受游泳运动，当运动员出现暂时的倦怠时，教练员应该帮助他们找到目标和乐趣，及时、积极地引导。不健康的生活方式和态度不但会摧毁个人对游泳的乐趣，也会对团队的其他人造成影响。

设定和实现个人和团队目标会让所有参与者获得成就感。运动员必须学会客观地评估他们的表现，并努力提高。然而，满足并不意味着自满，满足意味着享受付出努力所取得的成就，同时又期待着新的挑战。

在训练和比赛中队友之间的合作很重要。游泳运动员应该知道，真正的游泳运动是一项有团队精神的运动。没有一个运动员是独立的，没有教练员、队友和对手的支持与激励，根本不可能坚持日复一日的训练与比赛。在团队中，每个人都各有所长，有些运动员游得快，有的运动员品德佳。因此，应学会尊重教练员，尊重队友和对手。

训练和比赛中的成功与失败是所有运动员成长的必经之路。鼓励运动员正确对待训练和比赛，是发展技能和提高自我表现的机会。在训练的时候，要鼓励运动员积极面对练习的挑战，勇于尝试，不怕失败。在训练中唯一的失败就是没有尝试，鼓励运动员采取"今天我能通过做什么来为成为更好的运动员做准备"的态度。

教练员所传递给运动员的信息是正面且积极的，让运动员喜欢游泳。充分享受游泳训练和比赛所带来的乐趣，把比赛看作是有趣的经历，而不仅仅是个体价值的评估。比赛是一个通过客观的时间来测试的，或是与其他游泳运动员进行竞争，让他们知道自己有多大进步的机会。有时候，运动员必须把自己逼到极限来挖掘自己真实的水平。这具有自我探索及个性发展的意义。游泳运动员们知道当他们把自己推到极限的时候，他们会为自己的成功而感到自豪。

我们所有人都必须尊重他人的努力。教练员、官员、团队的其他成员，以及在比赛中与之竞争的游泳运动员都是值得尊敬的。

第五节　游泳教练员的团队意识

除了运动员以外，教练员在工作中还需要接触其他的教练员、运动员的父母、游泳场馆设施管理员、裁判员等。与游泳训练相关团队的友好合作，可以提高训练的有效性和趣味性。与助理教练员、运动员父母和设施管理员合作的关键，就是要认识到他们都是游泳团队的一员，在开展团队活动时应该邀请他（她）们参与进来。

一、教练组的团队合作

每一个教练员的作用都是独立的个体。有的教练员非常擅长因材施教引导队员达到竞争巅峰，而有的教练员则非常擅长教授技术。所有的教练员都应该知道如何有效地进行沟通、教育和激励，而这些任务应该按照每个教练员的长处进行分工指派。例如，让一个技术娴熟的教练员展示技能，让一个善于教学的教练员进行讲解。此外，如果有教练员善于记录或是跟队员和父母进行沟通,那么就由他(她)处理这些事宜。

每一个教练员都应该知道他(她)在队伍中的角色。所有的教练员都应该共同分担基本任务。例如,团队的文化学习或者开除队员,总教练对于游泳队里的所有事宜都有着最终决定权,但是其他助理教练也要参与其中。

二、教练员与运动员父母的合作

游泳也是一件"家务事"!如果家中有一名游泳运动员,那么父母、兄弟、姐妹、祖父、祖母、叔叔、阿姨都将或多或少地参与其中。游泳运动员成为每个家庭生活的一个延伸。显而易见的是,父母的参与度是最高的,运动员父母应该了解教练员的角色。在很多时候,教练员需要凭借判断做出决定。作为父母,应该在不干涉教练员的情况下,给予孩子有用的指导建议。

正如教练员需要决定游泳队的许多规章制度一样,父母决定的是他们家庭的价值观念。例如,有两个运动员每周上两次钢琴课,每周上四次游泳课。作为一名教练员,你应该根据他们的安排和活动来设定实际的成绩目标。建议他们更多地注重游泳训练而不是钢琴学习,这并不是教练员的责任。另外,作为一名教练员所能决定的是如何提高他们的游泳水平。父母不仅应该询问关于技能或者学习进度,也应该信任教练员作为一个技术指导者的知识和经验。

教练员应该加强与家长之间的交流,明确教练员的职责,告知教练员的执教理念,解答家长的相关问题,明确作为父母应该扮演的角色以及教练员对他们的期望。

与家长交流的内容可以包括:
①介绍主教练员和助理教练员;
②阐述执教理念和团队目标;
③表现互动式执教风格;
④鼓励父母积极参与并为团队提供服务(交通、便餐、数据统计以及计时);
⑤让父母了解他们的角色,并告知他们在什么时候通过什么方法更好地与教练员联系;
⑥告知父母不能随意干涉教练员的训练或者会议,除非他们认为他们的孩

子将会有危险；

⑦鼓励父母要始终如一地对待孩子的训练；

⑧解释游泳赛事、规则、程序和礼仪；

⑨针对即将来临的季赛给出日程安排（包括在哪里训练和具体时间、比赛的日程安排、队员的装备以及关于比赛的交通事宜）。

三、教练员与游泳场馆管理人员的合作

游泳场馆管理人员为游泳团队提供泳池的许多功能，同时也需要承担一定的责任。与游泳场馆管理人员的合作可以通过以下几点来实现。

①游泳池条件：包括水质、温度和深度。

②如果需要同时与其他团队队员共享游泳池，教练员要提前告知管理人员，明确训练日程安排，并保证安排好训练时间。

③教练员要与泳池管理人员沟通，必须明确在泳池里哪些是可允许团队和个人使用的设备，以及运动员自己必备的设备。

④游泳池清扫和维护：团队需要对泳池清理负责并对经常使用的设施设备进行维护。教练员可以咨询管理员关于设备的运行，游泳池和更衣室的日常维护的问题。

⑤规章制度：针对每一个设施都要制定相关规章制度，以帮助团队和运动员高效地使用设备。

⑥举办比赛：游泳比赛中需要许多有奉献精神的志愿者，也包括与游泳设施管理员之间的合作。尽力将比赛的各种细节计划好，包括计时裁判员的数量、发令裁判，以及泳道分隔和计时器的拆装等。

四、教练员与裁判员的合作

教练员和裁判员的角色在比赛时容易产生冲突。在比赛出现意见不合时，特别是裁判员做出判断决定的时候，教练员和裁判员之间的积极沟通能够带来更多机遇。积极的沟通毫无疑问是创造良好合作环境的重要因素之一，也能够很好地避免出现问题。执行总裁判长需要在比赛之前在教练员会议上明确讲解

相关的规则要求。如果教练员有任何的问题，应该在会上及时询问。

如果有运动员被判罚，教练员需要进一步的申诉，那应该怎么做呢？首先教练员把比赛当中出现的质疑向执行总裁判长当面询问。如仍有异议，须在该项比赛结束后30分钟内，填写申诉书并由领队签名后交给执行总裁判长。

因为调查需要花费一定的时间，所以一定要有耐心。仲裁也会将沟通的结果反馈给教练员。在进行这些讨论时，教练员也可以使用一些有效的方法。在问题出现时，有许多积极的方法能使得教练员获得公正的判罚结果。有效的沟通就是成功解决问题的关键因素。因为规则应用和公正的观察所带来的良好执裁，通过加强教练员和裁判员之间的关系，促进游泳项目不断发展。

教练员怎样与裁判员合作？分为两个方面的内容，即应该做的事和不应该做的事。

前者包括：①让裁判员知道你的教练员身份；②及时向执行总裁反映问题；③尽量保持平静、客观和坚定的态度；④在充分理解规则的前提下质疑判罚结果；⑤使用比赛规则来提出具体问题；⑥询问执行总裁判长是否有观察到犯规行为；⑦保证对所提出问题有具体的解释（如果这个问题涉及本次赛事的规程，可以根据比赛的相关内容提出疑问。如果这是一个可以改判的情况，应该向仲裁提出申诉）。

后者包括：①不要因为个人对于裁判员判罚的主观性质疑而去进行抗议；②不要使用不符合体育道德的言行，这只能阻碍你的申诉；③不要花大量的时间质疑来自裁判员的决定（因为这些决定都是由两个独立的裁判员共同决定的），如出发犯规、接力比赛中的出发犯规；④一旦判罚决定，不要试图阻碍比赛的进行。

五、游泳教练员的安全意识

青少年游泳是一项有巨大发展前景的运动。教练员和体育组织有义务遵守法律并保护青少年通过参与游泳运动获得个人的发展。美国游泳协会已经通过了一个关于教练员安全训练的计划。教练员是一种职业，有很多的责任和义务。这些职责并没有通过书面的形式记录下来，教练员在训练团队中通常不需要对任何具体的事物负责。教练员的职责仅仅是组织训练、教授运动技能、组织团队进行比赛。在现今的法治社会中,已经明确了教练员的职责,所有的这些责任已经成为法律责任。每一位教练员都需要了解他们的法律职责。

教练员有义务对学生进行合理的照顾。这种责任是教练员必须具备的职业道德标准。法律要求教练员、教师和校方采取合理的措施,避免产生风险伤害他人。不履行义务或者因过失行为导致的疏忽,都是违犯了法律的规定。换言之,玩忽职守的教练员要么失败,要么是一个不作为的教练员,或者做了教练员不该做的事情(渎职)。我们可以说,这种行为的责任与风险相关。教练员必须降低风险,这就是风险管理。教练员必须注意防范运动员意外受伤风险。

(一)认识可能的危险

认识可能的危险并采取积极的应对是所有教练员的职责及行为标准(预见性),包括以下内容:

(1)教练员有责任对运动员进行正确的指导,正确的技术能避免伤害。

(2)教练员有责任对运动员在运动中的潜在危险发出警告。

(3)教练员有责任对运动员进行适当的监督。

(4)教练员有责任为运动员提供安全的训练和比赛环境。

(5)教练员有责任为运动员提供安全的训练器材。

(6)教练员有责任为运动员提供卫生医疗康复服务(医疗康复有三个阶段,即运动损伤的预防、急救措施以及运动康复)。

(7)教练员有执行规章制度的义务(这项职责包括国家规定、竞赛规则、地区规则、学校规则和具体的运动纪律规则)。

(8)教练员有对运动员进行分类和分组的义务(保证平等竞争,即按竞技水平、年龄、发育程度、性别、身高和经验进行分类或分组)。

(9)教练员负责运动员比赛以及旅途中安全的责任。

(10)教练员对观众和技术官员的责任。

(11)安排周密计划的责任(教练员训练失败的主要原因是计划的制订以及缺乏规划性。翔实的计划是运动员很好的向导。安全监管是建立在良好的计划基础上的)。

(12)记录训练和比赛的义务(细心谨慎的教练员往往会坚持记录)。

以上是训练和比赛中常见的教练员职责,这些都被统一归类为法律责任

（可能引起他人诉讼）。教练员应该对以上职责有充分的了解，并且履行职责，这也是成为优秀的专业教练员的必备条件。

（二）实施正确的监管

无论是在训练、比赛、会议还是旅途中，教练员无时无刻不与运动员在一起。事实上，对运动员的监管是每个教练员的主要职责。责任分为一般监管和具体监管：前者涵盖了整个活动范围或从头到尾活动的过程；后者是对某一特定的活动或具体的事件的监管。两种责任互相独立又彼此交集。

正确监管的关键在于以下几点：

1. 完善的工作计划

从训练（比赛）开始到结束全过程的监管，应该有一个完整的计划，每一个活动的制定都要考虑到具体的实施和保障。

2. 准确的指令

确保运动员了解他们需要展现的技能。在传授技能前，确保运动员具备执行这些技能的能力，以及提供清晰、准确的指令，如游泳池的深度可能适合高中教学但不适合幼儿园的教学。经常检验指令以确保所有的运动员都能理解或接受指令。

3. 预见风险

发现并告诉运动员运动过程中可能涉及的任何潜在风险。例如，某些技能可能存在风险（憋气训练），因此教练员需要从不同的角度认真仔细地观察，制订出更好、更安全的计划。

4. 适当的监管

如果有助手、家长或志愿者协助教练员的训练，就需要了解他们监管的情况。有足够的主管或助理吗？他们的方法正确吗？他们是否了解传授的技能和活动？认识到某些练习可能难度过高，或者更容易存在潜在的风险。

5. 停止信号

使用一个清晰、可识别的停止信号。在许多体育运动中,教练员哨声可以清楚地提醒运动员停下来。确保所有运动员都能听到教练员发出的停止的声音信号。

6. 警惕意识

预测可能因环境变化引起的突发状况。许多伤病都发生在夏季的高温中,教练员的疏忽大意可能导致运动员中暑等症状的发生,因此,需要始终保持警觉。

7. 尽职尽责

教练员应尽量避免训练或比赛中的缺席。监管运动员比赛的全过程。对小年龄运动员的监管往往会给教练员带来巨大的挑战。事前周密的计划,遵循以上7个监管的重点,将风险管理视为教练员工作的一部分。

(三)确保安全的指导建议

首先,提高体育运动的整体安全性;其次,强化教练员的安全意识,尽一切可能为运动员提供一个安全的环境。从安全的角度出发,开始任何一个项目首要的任务是制定个人安全检查表。记录训练和比赛有关的所有事情,记录运动员的伤病、课程计划等。队医的协助可以使监测常态化,更重要的是,要教授运动员安全的训练方法。

(四)游泳教练员的资格要求

成为游泳教练员需要持续地学习和进行资格认证,还需要在心肺复苏术、急救和安全训练等方面进行培训。

思考题：

1. 游泳教练员所要具备的个人素质有哪些？谈谈你对这些素质的理解。
2. 有效沟通的准则包括哪些？
3. 怎样利用好有效示范和解释的原则，请举例说明。
4. 作为游泳教练员怎样开展团队活动？应注意哪些因素？
5. 在训练实践中，教练员的安全监管职责有哪些？你是如何落实到位的，请举例说明。

附录1 "×××"2018年全国青少年游泳U系列（短池）测试赛

第一部分 竞赛规程（2008—2011年组）

一、主办单位及承办单位

（1）主办单位：中国游泳协会。
（2）承办单位：××省游泳协会。
（3）协办单位：（略）。

二、竞赛日期和地点

（略）。

三、竞赛项目

（一）单项。
（1）7岁组：50米持板仰泳腿；50米持板蛙泳腿；50米持板爬泳腿；100米持板爬泳腿。
（2）8岁组：50米持板蝶泳腿；50米持棒仰泳腿；50米持棒蛙泳腿；50米持棒爬泳；50米蛙泳手+爬泳腿；100米持板混合泳腿。
（3）9岁组：50米蝶泳分解；50米举棒仰泳腿；50米仰、爬泳交替；50米交替蛙泳手+爬泳腿；50米反海豚腿；100米流线型仰泳腿。

（4）10岁组：50米爬泳技术比赛；50米仰泳技术比赛；50米蛙泳技术比赛；50米蝶泳技术比赛。

（二）全能项目。

（1）7岁组技术游全能：参加本年龄组全部4个比赛项目。

（2）8岁组技术游全能：50米持板蝶泳腿、50米持棒仰泳腿、50米蛙手爬腿、100米持板混合泳腿。

（3）9岁组技术游全能：50米蝶泳分解、50米举棒仰泳腿、50米交替蛙泳手+爬泳腿、50米反海豚腿。

10岁组只设单项，无全能项目。

四、参加办法

（一）由各市、区组成的代表队或业余体校代表队可报名参加。经地方体育主管部门批准的各游泳俱乐部、游泳池（馆）、普通学校或以企业命名的代表队可报名参加。参赛须以单位、俱乐部或学校名义报名，各单位报名人数须达到2人以上方可报名参赛，不接受个人报名。

（二）年龄规定。

（1）7岁组限2011年1月1日—2011年12月31日出生者；

（2）8岁组限2010年1月1日—2010年12月31日出生者；

（3）9岁组限2009年1月1日—2009年12月31日出生者；

（4）10岁组限2008年1月1日—2008年12月31日出生者。

（三）参赛运动员报名需提供个人第二代居民身份证信息。

（四）7～9岁组参赛运动员必须参加全能项目比赛，还可以报全能以外的单项（7岁组除外）。

（五）各单位各单项参赛人数不限，每人单项项目不限，运动员不得跨组参赛。

（六）各参赛单位必须为所有参赛人员购买比赛期间（含在报到和离会途中）的"人身意外伤害保险"，邮寄报名单时需提交保单复印件，其在比赛中发生的任何意外伤害等事故，主办和承办单位不承担任何责任。

五、竞赛办法

（一）采用中国游泳协会最新审定的《游泳竞赛规则》。

（二）比赛使用的器材："A"字板、管棒由赛会提供；脚蹼由参赛运动员自备，须按照规定规格，蹼直径（蹼鞋前端线至蹼外沿）小于4厘米。

（三）比赛检录时，参赛者须出示第二代居民身份证原件，否则不予参赛。凡弄虚作假者，取消所有比赛成绩。

（四）运动员所参加本年龄组的项目，按照中国游泳协会官网公布的国际泳联评分表计取本项成绩得分，成绩得分计入全能得分。各单项均只进行分组决赛；各单项参照本项泳式计算成绩得分，成绩得分计入全能得分。

六、录取与奖励

（一）设单项、全能项目个人前8名奖，颁发获奖证书。

（二）计分办法。

（1）单项按成绩排列名次，全能项目按得分排列名次。

（2）单项和全能项目名次按9、7、6、5、4、3、2、1计分。

（3）单项成绩和全能项目分值相等，取并列名次，下一名次相应递进。

七、报名和报到

（一）请各参赛队于5月15日前将报名表发到指定邮箱，报名表必须填写运动员的身份证号码、主管教练员及其身份证号码等。报名完成后，打印出报名表，加盖代表单位公章，将报名表原件和保单复印件于×月×日前邮寄至赛区。逾期报名的单位，不予安排比赛。若网上报名和纸质报名表出现不一致，将视为报名无效，不予编排。

（1）赛区地址：（略）。

（2）联系人：（略）。

（3）联系电话：（略）。

（二）各参赛队于赛前1天报到。定于××××年×月 ×日××:××在游泳馆会议室召开技术会议，请参赛单位各派1名领队和教练员准时参加。

八、裁判员

总裁判长、编排记录长和部分裁判长由××省游泳协会裁判委员会指派，不足裁判由承办单位选派。

九、秩序册和成绩册要求

（一）秩序册须标明运动员出生年及主管教练员姓名。
（二）成绩册必须有执行裁判长签字，否则成绩无效。

十、其他事宜

（一）参赛运动员每人需交报名费80元。其余交通食宿费用自理。只接受电汇缴费（电汇截至5月18日）。汇款时请备注参赛队伍名称、参赛人数。逾期汇款，不予参赛。
（1）单位名称：（略）。
（2）开户行：（略）。
（3）账号：（略）。
（二）本次比赛不安排食宿，为了方便各参赛队，承办单位为参赛队联系食宿，提供相关食宿地点和标准，具体事宜由承办单位另行通知。
（三）组委会分别向各参赛单位免费提供两本秩序册、成绩册。秩序册、成绩册工本费每套100元。

十一、未尽事宜，另行通知

第二部分　比赛活动安全应急预案

为了切实保障"×××"2018年全国青少年游泳U系列（短池）测试赛比赛活动顺利开展，切实保障活动的全体人员的安全，维护正常的活动秩序，特制定本次活动安全事故处置预案。

一、活动基本情况

1. 活动名称。
"×××"2018年全国青少年游泳U系列（短池）测试赛。
2. 活动时间。
（略）。
3. 活动地点。
（略）。
4. 参加对象。
由各市、区组成的代表队或业余体校代表队，各游泳俱乐部、游泳池（馆）、普通学校或以企业命名的代表队的7～10岁运动员。

二、工作原则

1. 安全领导小组负责制定本活动安全事故处置预案，负责突发事件报告、组织协调并领导事故预防、处置工作，统一指挥。
2. 在安全领导小组的指挥下，各工作组成员全面负责本组的安全工作，以预防为主，做到预防与应急相结合。
3. 各组应高度重视小运动员的安全，各参赛队负责本队参加比赛运动员的安全工作。

三、活动前安全准备工作

1. 成立安全领导工作小组。

（1）组长：（略）。

（2）副组长：（略）。

（3）成员：（略）。

（4）职责：负责活动现场安全工作的统一领导，负责做好处置事件的具体指挥、调度和协调工作。

2. 现场保卫和疏导组。

（1）组长：（略）。

（2）成员：（略）。

（3）职责：对比赛开展期间可能发生的不稳定事端提前进行预测、评估。负责安排人员维护活动现场及周边秩序。事件发生后，要以最快速度组织有关人员即刻赶赴事发现场，面对面开展疏导、化解工作，引导现场人员有序撤离。协助有关部门积极开展抢险救援工作。配合公安部门完成现场保护、线索调查和取证等工作。

（4）运动员及观众安置及管理：由各队领队和带队教练员负责本队运动员秩序及安全工作；团队及全体比赛组织人员负责活动进行时的组织及安全工作。

3. 后勤保障及救护组。

（1）组长：（略）。

（2）成员：救生员（略）、司机（略）、医生（略）。

（3）职责：比赛开展前做好医务人员、救护地点、医疗器械、药物的准备工作。保护好水、电等设施，保证安全用餐、用水、供电。负责现场运动员突发疾病的紧急救护或出现突发事件时开展伤员紧急救护工作，并协助医疗部门对重伤员送医院进行现场救护。救护组成员根据救生员职责，发挥相应作用，由本岗救生员担任，承担泳池在出现突发事件时的执勤汇报、协助、抢救、保障等工作。

4. 活动前安全教育。

①召开比赛组织人员会议，强调集合纪律及活动结束后运动员的安顿工作；明确进、出、退场顺序。

②召开安全保卫人员会议，明确各人分工职责，并强调要高度重视各负其责。

③安全保卫等人员发现情况及时与相关人员联系处理。

四、工作措施

1. 各队认真组织运动员参加比赛，必须有专人负责运动员活动期间的清点工作，严格组织纪律，服从组织安排。

2. 各小组在安全办的领导下，负责参加比赛的运动员的安全。

五、对突发事件的估计和应急处置方法

1. 天气变化。

及时收集天气预报信息，天气可能会发生变化时（如暴雨、闪电、打雷及能见度过低等不利天气），迅速将运动员从馆外安排进入室内休息区。

2. 溺水事故的应急措施。

（1）当救生员、管理员所负责区域内发现溺水险情，立即发出紧急信号（长哨音），并实施救援。

（2）另一侧救生员立即通知人员拨打120报警，同时协助施救或补位。

（3）当事救生员立即将溺水者施救上岸，并实施现场急救（CPR），待救护车到后送往医院。

（4）现场管理员应监控现场，指挥抢救同时通知其他岗位人员接救护车及医务人员到达现场，并向领导报告。

（5）一旦发生溺水事故，组长必须亲临现场，亲自组织指挥抢救，把伤害程度控制至最低，并布置好现场的工作秩序，避免因混乱而再次出现溺水事件，在抢救过程中，救生员必须一直进行施救，直至医务人员到达现场做好交接工作，并协助做好救护工作。

（6）在医务人员来到之前，救生员无资格判断溺者是否死亡，即使不再

有任何生命征兆，但仍然有抢救希望，不能停止对溺者的救护；救生员应在现场给溺水者做人工呼吸及心肺复苏，直到溺水者苏醒或者医生到达现场。

（7）第一时间通知运动员领队、教练员。

（8）如果发现溺水者死亡，必须马上如实地向组长报告，组长向组委会负责人报告死亡情况，请示有关部门做好后期事故处理。

（9）发生溺水事件后，当值人员第一时间要报告直接上司，由直接上司再逐级上报组委会，形成应急汇报制度。所有情况须上报组委会，由组委会对社会（如体育局、媒体等）进行事情公布与解释。

（10）泳池管理人员做好突发事件记录。部门负责人填写《特殊事件报告》，逐级上报。

3. 火灾。

发现火灾立即组织人员通知各队负责人带领运动员有序疏散，并拨打119报警，不得动员运动员参加火灾扑救，要在最短时间内疏散人群将伤亡风险降到最低，然后再组织志愿人员协助消防单位扑救火灾。

4. 拥挤踩踏事件。

各队领队和教练员以及保卫人员及时制止运动员推挤，并将挤伤、踩伤运动员进行紧急抢救，事件重大要及时报告。

5. 外来人员捣乱滋事。

由保卫处及门卫人员负责门口安全保卫工作，遇外来人员捣乱滋事时应及时报安全保卫小组负责人，并由保卫小组联系派出所处理。

6. 运动员突病。

措施：由各队领队或教练员及时汇报安全保卫组，由医务人员进行紧急抢救和处理，严重者马上送到医院，并通知运动员家长。

7. 停电的应急措施。

（1）游泳馆须配置2~3个手电筒。走廊及更衣室内应配置应急照明灯。

（2）向裁判员说明这是停电事故，保证所有裁判员平静地留守在各自的工作岗位。

（3）用手电照明公共场所，将滞留的运动员转移到安全的地方。

（4）在停电期间，注意安全保卫，加强泳池更衣室走道的巡视，防止有人趁机行窃。

附录2 竞赛日程（附表2-1）

附表2-1 竞赛日程表

1	男子7岁组 50米持板仰泳腿	21	男子9岁组 50米交替蛙手爬腿
2	女子7岁组 50米持板仰泳腿	22	女子9岁组 50米交替蛙手爬腿
3	男子8岁组 50米持棒仰泳腿	23	男子7岁组 100米持板爬泳腿
4	女子8岁组 50米持棒仰泳腿	24	女子7岁组 100米持板爬泳腿
5	男子9岁组 50米举棒仰泳腿	25	男子8岁组 50米持棒爬泳
6	女子9岁组 50米举棒仰泳腿	26	女子8岁组 50米持棒爬泳
7	男子10岁组 50米仰泳技术	27	男子9岁组 50米仰爬交替
8	女子10岁组 50米仰泳技术	28	女子9岁组 50米仰爬交替
9	男子7岁组 50米持板蛙泳腿	29	男子10岁组 50米自由泳技术
10	女子7岁组 50米持板蛙泳腿	30	女子10岁组 50米自由泳技术
11	男子8岁组 50米持棒蛙泳腿	31	男子9岁组 100米流线型仰泳腿
12	女子8岁组 50米持棒蛙泳腿	32	女子9岁组 100米流线型仰泳腿
13	男子9岁组 50米反海豚腿	33	男子8岁组 50米持板蝶泳腿
14	女子9岁组 50米反海豚腿	34	女子8岁组 50米持板蝶泳腿
15	男子10岁组 50米蛙泳技术	35	男子10岁组 50米蝶泳技术
16	女子10岁组 50米蛙泳技术	36	女子10岁组 50米蝶泳技术
17	男子7岁组 50米持板爬泳腿	37	男子9岁组 50米蝶泳分解
18	女子7岁组 50米持板爬泳腿	38	女子9岁组 50米蝶泳分解
19	男子8岁组 50米蛙手爬腿	39	男子8岁组 100米持板混合泳腿
20	女子8岁组 50米蛙手爬腿	40	女子8岁组 100米持板混合泳腿

附录3　比赛报名表（附表3-1）

附表3-1　"×××"2018年U系列7～10岁组儿童游泳技术比赛（短池）邀请赛

单位名称：
联系人：　　　　　　　　　　　　联系电话：
领队：（请注明性别）
教练员：（请注明性别）

姓名	性别	身份证号码	主管教练	组别（7岁组、8岁组、9岁组、10岁组）	竞赛项目								
					7岁组	8岁组		9岁组			10岁组		
					全能	全能	50米持板蛙泳腿	50米持棒爬泳	全能	50米仰爬交替	100米流线型仰泳腿	50米蝶泳技术	50米仰泳技术	50米蛙泳技术	50米自由泳技术

填写要求：1. 姓名、性别、身份证号码、主管教练请正确填写，不得遗漏。
2. 7～9岁组的技术全能为必报项目。8岁组和9岁组在全能外还可以进行单项报名。10岁组只设单项。
3. 请在正确的项目单元格内打"√"。